KB153609

降伏論
성공을 위한 내려놓기

KOUFUKURON DEKINAI JIBUN WO UKEIRERU written by Yuki Takamori
Copyright © 2023 by Yuki Takamori
All rights reserved.
Originally published in Japan by Nikkei Business Publications, Inc.

Korean translation rights arranged with Nikkei Business Publications, Inc. through The English Agency Ltd.
and CHEXXA Literary Agency.

이 책의 한국어판 저작권은 책사 에이전시를 통한 저작권사와의 독점 계약으로 힘찬북스가 소유합니다.
저작권법에 의하여 한국 내에서 보호를 받는 저작물이므로 무단전재와 무단복제를 금합니다.

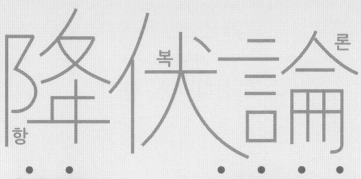

降伏論
복 론
항

성공을 위한 내려놓기

다카모리 유키 지음 ㅣ 원선미 옮김

HCbooks

시작하며
'열심히'라는 환상

|

'난 이 정도밖에 안 되는 사람이 아니야.

결과가 나오지 않는 건 그냥 대수롭지 않은 타이밍이나 운의 문제야. 나에겐 엄청난 가능성이 있고 미래는 밝아. 이렇게 쭉 열심히 하다 보면 반드시 결과가 따르게 되어 있어. 하루에 2000번 넘게 배트를 휘두르고 주 6일의 혹독한 훈련을 계속 소화하는 건 퍼포먼스를 끌어올려서 그 너머에 있는 '성공'을 손에 넣기 위해서야.'

당시 프로야구 선수였던 나는 스스로 성공을 확신하고 있었고, 전혀 의심조차 하지 않았다. 그때는 마치 무한대의 성공 궤도에 올라탄 듯한 느낌이었다. 적어도 내 생각에는.

이 환상이 맥없이 무너지는 데는 6년이면 충분했다. 훈련에서 수

4

백만 번을 휘두른 배트가 실제 경기에서 진가를 발휘한 건 프로 생활 전체에 걸쳐 단 한 번. 이보다 더 열심히 할 수는 없을 거라 생각할 정도로 최선을 다했지만, 결과는 눈에 보이는 그대로였다.

열심히 노력하면 반드시 보상을 받는다. 꼭 그렇지만은 않다는 사실을 머리로는 이해했지만, 어딘가 가슴 한구석에는 이 말에 매달리고 싶은 마음이 있었다.

하지만 이는 '어떻게 하면 결과를 낼 수 있을까'에 대해 생각하기를 포기한 사람의 사고 회로다. '열심히'는 현실을 직시하지 못한 채, 결과에 다다르기 위한 구체적인 방법을 궁리할 생각조차 하지 않고 냉정함을 잃은 사람들이 만들어 낸 환상의 세계다.

그 세계에 사는 사람은 나태함 때문에 결과를 내지 못하는 이들을 멸시하고, 적어도 자신은 그 그룹에 있는 사람들과는 다르다고 주장하면서 결과를 내고 있는 A그룹과 자신을 동급으로 여긴다. 결과를 내지 못했는데도 '그래도 열심히 했어' 하고 생각하며, 방법을 바꿔 보려고도 하지 않고 해 오던 과정을 그대로 가지고 다음 기회로 향한다.

그들에게 있어 다음번에 결과를 내기 위한 비결은 '더 열심히 하는 것'이다.

이러한 사람들에 대한 주변의 평가는 긍정적이다. 특히 커리어 초반에는 태도 역시 결과만큼이나 중요한 평가의 대상이 되는 경향이 있어서 유난히 더 높은 평가를 받는다.

모든 실패는 성공으로 가는 과정으로 받아들여지기 때문에 열심히 하는 모습은 주변 사람들의 기대치를 높인다.

자신에 대한 주변의 높은 평가와 기대를 스스로 인지하다 보면, 결과에 대한 집념은 점점 약해지기 시작한다. 결과를 내지 않아도 평가와 인정이라는 보상을 충분히 얻을 수 있기 때문이다.

커리어 중반에 접어들면 결과를 내지 못한다는 사실이 명백해지기 시작한다.

하지만 그 사실을 깨닫는 사람은 별로 없다. 지금까지 좋은 태도로 쭉 높은 평가를 받아온 사람에 대해 이제 와서 갑자기 결과를 가지고 평가를 깎아내리기가 힘들어졌기 때문이다.

"자네, 결과를 전혀 내지 못하고 있지 않은가. 언제까지 그 수준에 머물러 있을 건가" 하고 냉정하게 본질을 파고드는 사람은 거의 없다. 결과는 내지 못했더라도 변함없이 최선을 다하고는 있기 때문에 주변의 평가는 더 올라가지는 않더라도 반대로 내려가지도 않는다.

본인에게도 약간의 초조함은 있지만 그렇다고 구체적인 해결책도 찾지 못한 채로 그저 오로지 열심히 노력한다. 그것이야말로 평가받는 유일한 방법이고 지금까지도 그런 식으로 해왔기 때문이다. 이쯤 되면 '열심히'의 저주에 걸리고 만다.

더 이상 결과가 나오지 않는다는 현재 상황과 정면으로 마주하기는 곤란해진다.

커리어 후반에 접어들면 결과에 대해 직면하려고 하는 사람은 거의 없다.

본인조차도 무의식적으로 그 부분을 명확히 하지 않고 피하기 시작한다. 주변의 평가는 '결과를 내지 못하는 사람'으로 완전히 바뀌어 있다.

그 사실을 정면으로 맞서 지적하는 사람은 없다. 열심히 노력하는 사람에게 "근데 자네, 결과는 못 내지 않았나"라고 말하기는 너무 가혹하다.

하지만 이런 말을 직접적으로 듣지는 않는 대신 중요한 일에서 제외되고, 기대도 받지 못하고, 있으나 마나 한 존재로 점점 바뀌어 간다. 조직 내에서 처치 곤란한 존재가 되어 버리지만, 특별히 미움을 사는 일도 없다. 왜냐하면 열심히 하기 때문이다.

이쯤 되면 커리어 초반에 있는 사회 초년생들이나 외부에서 유입된 사람들은 '전혀 결과를 내지 못하는 저 사람에게 다들 왜 저렇게 마음을 쓰는 걸까?' 하고 미스터리한 존재로 인식한다. 프로야구라면, 이때쯤 방출된다. 이는 너무하다기보다는 오히려 아름다운 시스템이라고 할 수 있다.

결과만으로 평가받는 프로의 세계에서 태도는 의미가 없다.

물론 훈련에 임하는 태도나 평소의 인간성으로 좋은 평가를 받아서 인기 있는 선수는 있다. 하지만 그것은 결과를 낸 다음 문제다. 타율이 1할인 슈퍼스타는 존재하지 않는다. 결과를 내지 못하는 사람부터 순서대로 사라지는 프로야구의 세계는 매우 합리적이며 알기 쉽고 본질에 충실하다.

하지만 일반적인 사회에 나가면 그렇지가 않다.

결과가 나오지 않더라도 쉽게 해고되거나 하지 않는다. 오히려 태도가 나쁜 쪽이 잘릴 가능성이 높다. 태도가 충분히 평가의 대상이 되는 것이다. 그뿐만 아니라 이러한 태도에 대한 평가는 연비가 매우 좋다. 오직 열심히 노력하는 것만으로도 오랫동안 좋은 평가를 받을 수 있는 재료가 된다.

이렇게 해서 조직 내에 열심히는 하지만 결과를 내지 못하는 사람이 점점 늘어나기 시작한다. 그 결과 생산성은 계속 낮아진다.

여기서 골치 아픈 문제는 그 당사자들은 자신이 생산성 낮은 인간이라는 사실을 전혀 인정하려 하지 않는다는 것이다. 하지만 '나는 이 정도밖에 안 되는 사람이 아니야'라고 진심으로 믿고 있는 것치고는 자신의 방식을 바꿔 보려는 생각은 하지 않는다. 지금까지 그 방식으로 하면서도 일정한 평가를 받아왔기 때문이다.

결과가 나오지 않는 것은 운이 나빠서도, 타이밍이 맞지 않아서도 아니다.

또 노력에 대해 보상받지 못해서도 아니다. 지금 그대로의 자신의 연장선상에 성공이 있다고 생각하는 한, 결과가 나올 일은 영원히 없다. 적어도 '나는 이 정도밖에 안 되는 사람이 아니야'라고 생각하는 동안에는.

내려놓아야 한다.

결과를 내고 싶다면 '나는 이 정도밖에 안 되는 사람인지도 몰라' 하고 내려놓아야 한다.

성공하는 방법, 결과를 내는 방법에 관한 책이 세상에 이렇게 넘쳐나는데도 불구하고 결과를 내지 못하는 것은, '나도 열심히 노력하면 잘할 수 있다'라는 환상 속에 있기 때문이다.

그 환상은 마음을 정말 편하게 해 준다. 환상은 늘 희망을 준다.

환상에서 탈출하고 싶다면 내려놓아야 한다. '지금의 나로서는 영원히 결과를 낼 수 없어' 하고 항복할 수 있다면 그때부터 성공으로 가는 길이 단숨에 열린다.

이는 모두 나의 체험이다.

다른 누군가를 관찰한 기록이 아닌, 모두 내가 몸소 체험한 사실이다. '나는 이 정도밖에 안 되는 사람이 아니야'라고 계속 생각하면서 6년간 안타를 단 한 개밖에 치지 못한, 나 자신의 체험이다.

프로야구를 은퇴한 뒤에 컨설턴트로서 여러 기업의 경영에 관여하고, 많은 이들을 코칭해 왔다.

그러면서 내가 왜 프로야구 선수로는 활약하지 못했는지, 또 이 세상에서 활약하는 사람들의 특징은 무엇인지 그 답이 조금씩 밝혀졌다.

이 책에서는 나 자신의 체험 또한 근거로 하여 퍼포먼스를 끌어올리는 것, 결과를 내는 것이란 무엇인지 그 핵심에 다가가 보려 한다.

'열심히'의 저주에서 해방되어 진정으로 결과를 내는 사람으로 거듭나는 계기가 되었으면 한다.

목차

제1장
지금 당장 한다

오늘 할 수 있는 일을 내일로 미루지 말라.
– 벤저민 프랭클린(Benjamin Franklin, 미국 정치가)

결과를 낼 수 있는 '상태'란 무엇인가

'인생이 호전되는 것'은 많은 사람에게 큰 관심사다.

호전이란 돈, 물질, 시간, 타인의 인정이나 평가 등이 늘어나는 것이지, 결코 줄어드는 것이 아니다. 수입이 늘고, 원하는 것을 사고, 큰 집에 살고, 자유로운 시간이 많아지고, 바라던 평가나 인정을 받았을 때 우리는 큰 충실감과 쾌감을 얻는다. 막연하게 또는 구체적으로, 어느 쪽이든 우리는 무의식적으로 '인생의 호전'을 중요시하게 되어 있다. 그리고 그 방법을 알려 주는 책도 셀 수 없을 만큼 많다. (물론 이 책도 그중 하나다) 수많은 책이 나와 있다는 것은 그만큼 수요가 많다는 사실을 증명한다.

그러다 보니 많은 이들이 이러한 책에 우르르 달려든다. 그중에는 '행복하게 늙어 죽는 방법'과 같이 멀리 내다봤을 때의 행복이 아니라, '내일부터 바로 잘되는 방법'과 같은 특효약을 담은 책이 많다. 당장 눈에 보이는 결과를 얻고 싶어 하기 때문이다.

그 점에서 '결과를 내는 사람이 실천하고 있는 ○○가지 법칙' 같은 종류의 책은 수요에 직접적으로 대응한다. 하지만 지금까지도 비슷비슷한 책이 끊임없이 나오고 있는 것을 보면, 책을 읽고 실천해도 효과가 없는 것인지, 실천에 옮기지 못하는 것인지, 아니면 책을 읽은 것으로 만족하고 실천할 생각조차 하지 않는 것인지, 그저 미스터리다. 이유야 어떻든 일이 잘 안 풀리는 사람이 존재하는 한 잘되기 위한 책은 앞으로도 계속 나올 것이다.

'잘되는 방법'이란 마치 스마트폰 애플리케이션 같아서 많이 설치한다고 좋은 것이 아니다. 잘 사용하지 않는 애플리케이션을 스마트폰에 계속 설치하면 오히려 작동이 느려진다.

실제로 책을 많이 읽어서 다양한 이들의 사고법이나 이론, 철학에 정통한, 마치 자기계발 마니아 같은 사람도 놀랄 정도로 많다. 그들은 기억력이 매우 좋고 온갖 주제에 대해 적확하게 답할 수 있다.

그런데도 결과를 내는 사람은 드물다. 결과를 내는 데 있어 중요한 것은 애플리케이션을 작동시키기 위한 OS(Operating System, 운영체제)다. 먼저 자신의 OS를 애플리케이션이 정상 작동될 수 있는 상태로 업데이트해야 한다.

최신 애플리케이션은 윈도우95에서는 작동되지 않는다. 아무리 아름다운 꽃이라도 지저분하게 어질러진 방에 놓여 있으면 본래의 기능을 발휘하지 못하는 것과 마찬가지다. 잘되는 방법을 배우기 전에 자신의 방을 깨끗이 정돈해 그 방법을 받아들일 수 있는 상태로 만들자. 그렇게 했을 때 비로소 최신 애플리케이션이라고 할 수 있는 '잘되는 방법'이 제대로 기능하게 된다.

그렇다면 방을 깨끗하게 한다는 것은 어떤 의미일까?

완료와 종료는 다르다

나에게는 형이 있다. 어렸을 때 형과 집 앞에서 캐치볼을 자주 했다. 하루는 내가 던진 공이 형의 머리 위를 넘어 맞은편에 있는 회사 창고 유리창으로 날아갔고, 창문은 완전히 산산조각 나고 말았다.

형과 나는 크게 당황하여 이 일을 어머니에게 말할지 그냥 숨기고 지나갈지에 대해 머리를 맞대고 고민했다. 지금으로부터 30여 년 전, 시골에 있는 회사 창고였다. 유리창 한 장 깨진 것 정도로는 큰 문제가 되지 않는다. 오히려 들키지 않을 가능성도 꽤 높을 터였다. 충분히 숨기고 지나갈 수 있다. 형과 나는 조용히 넘어가기로 결정했다.

그날 밤, 여느 때처럼 저녁 먹을 시간이 되었다. 하지만 나는 그 일이 언제 들통날까, 맞은편 회사에서 누군가 찾아와 벨을 누르는 건 아닐까 신경이 쓰여 내내 안절부절못했다.

저녁을 다 먹고 TV를 보는데, 어머니가 그저 말을 걸었을 뿐인데도 깜짝 놀라 그 자리에서 뛰어오를 뻔했다. 이 정신 상태로는 평소처럼 생활할 수 없었다. 형과 나는 다시 한번 고민을 했고, 마침내 어머니에게 이실직고하기로 했다. 호되게 야단을 맞기는 했지만, 우리는 더 이상 아무것도 겁낼 필요가 없었고 이내 다시 활력을 되찾았다.

다음 날 어머니와 함께 맞은편 회사에 사과를 드리러 갔는데 기분은 오히려 개운했다. 그대로 숨기고 넘어가기로 했다면 아마도 며칠 안에 우리 둘 중 누군가는 병이 났을지도 모른다. 그리고 분명 30년이 지난 지금까지도 마음 한구석에는 어두운 그림자로 남아 있었을 것이다.

종료라는 말과 완료라는 말이 있다.

이 두 단어에는 어떤 차이가 있을까.

시간 등 외부 요인에 의해 무언가를 끝낸 것을 '종료'라고 한다면, 스스로의 의지로 일에 단락을 짓는 것을 '완료'라고 한다. 종료의 영역으로 분류되는 사건의 경우 대부분 '미완료' 상태로 마음속에 계속 남는다.

앞서 이야기한 유리창을 깬 사건은 강렬한 미완료로 그 후에도 계속 머물러 있었을 것이다. 미완료는 일단 발생하면 완료할 때까지 없어지지 않는다. 그리고 없어질 때까지 온갖 에너지를 계속 끌어당기는 힘을 발생시킨다. 어린아이였던 나에게 있어 유리창을 깬 것은 엄청난 사건이었다. 게다가 그 일을 숨기려 한다면 인생을 걸고 감춰야 할 정도의 에너지가 필요했다.

미완료는 에너지를 반드시 빼앗는다

　너무 강렬한 미완료는 마음속 한가운데 자리 잡고 모든 에너지를 끌어들여 더 이상 그 일 이외에는 생각할 수 없게 만든다. 어머니의 일거수일투족에 온 신경을 쓰고, 어머니뿐만 아니라 현관 너머에 있는 보이지 않는 세계까지 주시해야 했다. 제정신은커녕 거의 정신 착란 직전의 상태였다. 그 정도로 미완료는 정신 상태에 큰 영향을 미친다.

　유리를 깼다고 하는, 당시 나에게 있어 어처구니없을 정도로 큰 미완료까지는 아니더라도 사실 인생에서 미완료는 놀랄 만큼 많이 존재한다. 미완료는 크기가 작은 것이라도 반드시 끌어당기는 힘을 발생시킨다. 그 하나하나가 에너지를 조금씩 빼앗아 자신도 모르는 사이에 정신 상태에 조금씩 계속 영향을 미친다.

　실제 일어날 법한 크고 작은 미완료 케이스를 살펴보자.

아침에 출근하기 전에 사소한 일로 아내와 다퉜다. 다툼이 끝나지 않은 상황에서 출근할 시간이 되는 바람에 본의 아니게 문제를 해결하지 못한 채 출근하게 되었다.

처음에는 짜증이 났지만 시간이 지나면서 다퉜던 일을 완전히 잊어버리고 말았다. 하지만 어느 순간 문득 생각난다. '아, 이따 집에 가면 또 그 다툼을 이어 가야 하나' 하고 마음이 무거워진다. 그 후 한동안 미완료는 불쑥불쑥 부활한다. 그러는 사이 에너지를 계속 빼앗긴다.

미완료는 눈앞에 있는 정말 집중해야 하는 업무와 같은 정도로 집중력을 빼앗아 간다. 부부싸움이 해결되거나 어떤 형태로든 끝장이 날 때까지 머리 한쪽 구석에 계속 남는다. 부부싸움처럼 자신의 인생과 직접적인 관계가 있는 사건의 경우 미완료를 알기 쉽게 체험할 수 있다. 하지만 이 밖에도 알아차리기 어려운 미완료가 무수히 존재한다.

고향 친구들과 이야기하다 '다 같이 한 번 뭉칠 때 되지 않았어?' 하는 분위기가 형성되어 어쩌다 보니 동창회 개최가 결정되었다.

그 후 누가 간사를 맡을지도 정해지지 않은 채 어영부영 날짜는 흘러갔고, 연말이 되어 '그러고 보니 동창회는 어떻게 하기로 했지?' 하고 생각이 났다. 이후 매년 연말이 될 때마다 생각난다. 이러한 사소한 일도 미완료가 될 수 있다. 미완료는 그 일의 경중과 관계없이 에너지를 끌어당기는 힘을 발생시킨다. 동창회가 개최되거나 아니면 동창회를 열지 않기로 결단이 내려질 때까지 미완료는 지속된다.

케이스 3

직장 동료와 점심을 먹으러 갔는데 그날따라 동료가 지갑을 깜빡 두고 나왔다. 금액은 각각 만 원씩이었는데 일단 내가 대신 돈을 내주기로 했다.

그 후 회사로 돌아왔고 둘 다 만 원에 대해서는 잊어버리고 있었다. 하지만 어느 순간 문득 생각난다. 고작 만 원 때문에 어쩌고저쩌고하기도 마음이 편치 않다. '나중에 받지 뭐' 하는 생각으로 그저 시간은 흘러간다.

액수의 많고 적음을 떠나 돈을 빌리거나 빌려주는 일에서는 미완료가 발생하기 쉽다.

중요한 것은 빌린 쪽은 물론 빌려준 쪽에서도 미완료가 발생한다는 사실이다. 오히려 금액이 적을 때 빌린 쪽은 잊어버리기 쉽지만 빌려준 쪽은 잊어버리는 경우가 거의 없다. 돈을 돌려받거나, 그냥 사 준 셈 치자고 결론을 지을 때까지 미완료는 계속 남아 있다. 여느 때와 같이 계속 남아 있는 미완료는 반드시 에너지를 빼앗아 간다.

케이스 4

컴퓨터에 파일이 잔뜩 깔려 있어 모니터를 보기만 해도 정신없는 사람이 있다. 청구서를 작성하는 단순한 일에도 뭐가 어디에 있는지 몰라서 찾는 것만으로도 벌써 고생스럽다. 청구서 작성 외에도 여러 업무를 진행하면서 간단한 작업조차도 마치 장인의 일처럼 복잡한 과정이 되어 버린다.

미완료는 물리적 공간뿐만 아니라 가상의 공간에서도 발생한다. 청구서를 작성할 때마다 미완료가 부활하기 때문에 이렇게 간단한 작업조차도 매번 힘들게 느껴진다.

물리적으로 방이 어질러져 있어도 미완료가 발생하기 쉽다.

어질러져 있다고 다 나쁜 것은 아니다. 본인이 사용하기 편리하고 생활하는 데 있어 전혀 지장이 없다면 딱히 미완료는 발생하지 않는다.

하지만 드라이클리닝을 보내야 하는 셔츠가 계속 그대로 있는 것을 볼 때마다, 세탁을 끝낸 속옷이나 양말이 산더미처럼 쌓일 때마다, 옷장 한가운데를 차지하고 있는 겨울 코트가 걸리적거릴 때마다 미완료는 조금씩 부활해 반드시 에너지를 빼앗는다. 시야를 방에서 집 전체로 넓혀 보면, 곧 떨어질 것 같은 치약을 '앞으로 몇 번 정도는 더 쓸 수 있어.' 하고 조금씩 아껴 쓰고 있다거나, 샴푸, 휴지, 세제, 생수 등 소모품이 얼마 남지 않은 것을 알면서도 그대로 두는 것 역시 미완료를 만들어 낸다. 매일 밤 샤워할 때마다 생각난다. 샤워를 마치고 나오면 또 잊어버린다. 그러나 내일 밤 그 미완료는 반드시 부활한다.

미완료가 있는 사람은 출발 지점에서
이미 뒤처져 있다

이렇듯 미완료는 살면서 곳곳에서 발생하며, 게다가 발생했다는 사실을 본인은 감지하기 어렵다.

하지만 그 미완료들은 반드시 머릿속에 머물러 있다가 적당한 타이밍에 나타나 완료될 때까지 에너지를 계속 빼앗는다. 자신도 알아차리지 못한 것부터 이미 알아차린 것까지, 머릿속에 미완료가 산더미처럼 쌓여 있는 사람은 눈앞의 일에 집중력을 발휘하려고 해도 먼저 에너지를 끌어당기고 있는 미완료 쪽으로 집중력을 빼앗긴다. 출발 지점에서부터 자신의 능력 대부분을 빼앗긴 상태로 시작하게 된다.

이는 아주 무거운 족쇄를 찬 것과 마찬가지다. 하지만 많은 사람이 설마 자신이 그런 족쇄를 찬 상태로 시작하고 있다는 사실조차 깨닫지 못한다.

성과를 내는 사람과 내지 못하는 사람은 사실 스타트 라인에서부터 큰 차이가 있다. 미완료가 있는 만큼 스타트 라인은 자동적으로 뒤로 밀리게 된다.

그럼 어떻게 하면 미완료를 줄일 수 있을까.

먼저 자신에게 어떤 미완료가 있는지를 확인하는 것부터가 시작이다.

미완료는 대략 다음 3가지 안에서 발생하기 쉽다.

1. '사람' (인간관계) 2. '사물' (쓰지 않는 물건이 많다, 망가져 있다, 더럽혀져 있다, 얼마 남지 않았다, 복잡한 상태다.) 3. '돈' (빚이 있다, 불안이나 걱정이 있다.)

그 밖에 '시간'이라는 개념도 있지만, 이 시간은 대부분 '사람'의 미완료에 관련된 경우가 많다. 먼저 각각의 영역에서 어떠한 미완료가 발생하기 쉬운지 예를 들어보려고 한다.

'사람'의 미완료

• 다투고 있다.
• 심한 말을 해 버려서 마음이 편치 않다 → '심한 말을 했다',

'들었다'의 경우는 시간이 지나도 남아 있기 쉽다. 사람에 따라서는 초등학교 때 선생님에게 들었던 '말 한마디'가 지금까지 미완료로 남아 있는 경우도 있다.

- 꽤 오랫동안 부모님을 뵙지 못했다.
- 조부모님 산소에 찾아간 지가 오래 되어서, 조만간 가 봐야지 하고 생각하고 있다.
- 고향에 계신 은사님이 몸이 편찮으시다는 이야기를 몇 년 전에 들었는데, 그 후에 어떻게 되셨는지 모른다.
- 동창회를 하자는 이야기가 나왔지만 누가 추진할지 정해지지 않았다.
- '조만간 한잔합시다!'라고 이야기한 후, 아무 진전이 없다. 또는 실은 그럴 생각이 없는데도 그 상태 그대로다.

'사물'의 미완료

- 배수구가 더럽고 악취가 난다.
- 배수구에 머리카락이 잔뜩 걸려 있다는 사실을 알지만, 아직은 물이 내려가기 때문에 그대로 둔 상태다.
- 환풍기가 먼지투성이다.
- 에어컨을 몇 년이나 청소하지 않아서 성능이 떨어진다.
- 방충망이 더러워서 창문을 열고 싶지 않다.

- 휴지통이 가득 차 있다.
- 빈 페트병이 넘쳐나고 있다.
- 치약이 얼마 남지 않았다.
- 칫솔을 교체하지 않아서 칫솔모 상태가 좋지 않다.
- 휴지가 얼마 남지 않았다.
- 세제가 얼마 남지 않았다.
- 샴푸, 바디워시가 얼마 남지 않았다.
- 냉장고 안에 사용하지 않는 조미료가 있다.
- 속옷, 양말에 구멍이 나 있어서 신경은 쓰이지만 그대로 사용 중이다.
- 화초가 시들어 가고 있다.
- 전구가 나갔다.
- 옷장 안에 2년 이상 입지 않은 옷이 여러 벌 있다.

'돈'의 미완료

- 돈을 빌렸는데, 빌려준 사람과 되도록 안 만나고 싶다고 생각한다.
- 돈을 빌려줬는데, 상대가 돈을 갚지 않고 있거나 또는 돌려받지 못하는 건 아닐까 하는 걱정이 있다.
- 매월 공과금 청구서가 날아온다. (자동 이체 또는 카드 결제로

해 두지 않았다.)

- 납부하지 않은 세금 고지서가 있다.
- 부모님께 이사 비용을 빌렸는데 갚지 않은 채 차일피일 미루고 있다.
- 친구와 점심을 먹으러 갔다가 대신 내 준 만 원을 돌려받지 못했다.
- 택시를 함께 타고 친구가 돈을 냈는데, 친구가 다 내 준건지 나중에 반을 달라고 할지 불분명하다.
- 어릴 때 받았던 세뱃돈을 부모님이 저축해 준다고 전부 가져 갔는데, 그 후에 어떻게 됐는지 모른다.

이렇게 사소한 것부터 큰 것까지 수많은 미완료가 존재한다. 사람, 사물, 돈의 영역에서 발생한 미완료를 인식하는 것부터 먼저 시작하기 위해 10분 동안 종이에 적어 보자. 가능하면 많이 적을 수 있으면 좋겠지만, 우선 20개를 목표로 한다. 처음에는 술술 써 내려갈 수 있지만 10개가 넘어가면서부터 소재가 떨어지기 시작한다. 그래도 이리저리 열심히 머리를 굴려 보자. 20개 정도는 분명히 있다. 사소한 것이라도 좋으니 아무튼 적어 본다.

지금 바로, 15분 이내에 완료한다

실제로 종이에 적어 보면, 실체를 파악하기 어려웠던 '미완료'라는 것이 눈앞에 나타난다. 그것은 당신이 퍼포먼스를 충분히 발휘할 수 없게 만들었던 요인의 하나로, 분명 당신의 집중력을 빼앗고 있던 대상이다.

20개를 다 채운 경우, '이렇게나 많은 미완료를 등에 짊어지고 살고 있었나' 하고 그 양에 깜짝 놀란다. 훈련을 계속하다 보면 20개가 아니라 100개쯤은 있겠지 하고 쉽게 써 내려갈 수 있게 될 것이다.

어느 쪽이든 미완료는 직접 종이에 적어 보면 그 실체가 분명해진다.

이렇게 종이에 적은 미완료를 어떻게 할까?

위에서부터 하나씩 완료해 나가자. 여기서 중요한 것은 기세다. 15분 동안 할 수 있는 데까지 그저 완료를 향해 가자. '이건 나중에

하자'는 일단 금지로 정해 두고, 무조건 위에서부터 순서대로 완료한다.

하지만 그 자리에서는 완료하지 못하는 일도 분명 있다. 예를 들어 부부싸움 중이거나, 5000만 원의 대출이 있거나, 지금 외출 중이어서 욕실의 배수구 청소를 할 수 없거나, 부모님을 꽤 오래 못 만났거나 하는 상황이 이에 해당한다. 이 경우 다음과 같이 완성시킨다.

☀ 부부싸움의 경우

가능하다면 지금 당장 상대방에게 전화해서 다툼의 원인에 대해 사과한다.

진실이나 정의가 어떻든 간에, 다툼이 일어난 것은 사실이다. 또는 내 쪽이 일방적으로 화가 난 상황이라 하더라도 일단 사과부터 시작한다. 그렇게 하면 다툼의 대부분은 단번에 완료를 향해 가는 경우가 많다.

어떻게 해도 마음이 진정되지 않아서 사과하기가 불가능하다면, '당신도 알고 있겠지만, 지금 우리가 다투고 있는 문제에 대해서 집에 돌아가면 제대로 이야기하자' 하고 다툼이 일어난 상태라는 사실을 명확히 하고, 그 문제에 대해 언제 대화할지를 정한다. 적어도 아무것도 하지 않고 찝찝한 상태로 있는 것보다는 일단 완료된다.

⬤ 큰 금액의 빚이 있는 경우

만약 당신에게 지금 바로 갚을 수 있는 돈이 있다면 당장 갚는다. 하지만 분명 갚을 수 없기 때문에 미완료 상태일 테니, 그렇다면 빌려준 상대에게 전화한다.

그리고 "당신에게 돈을 빌렸다는 사실은 잊지 않고 있다. 갚을 의사는 있지만, 지금은 갚을 돈이 없다. 꼭 갚을 거니까 매월 상환액을 ○○원으로 해 줬으면 좋겠다" 하고, 빌렸다는 사실과 갚을 의사가 있다는 사실을 명확히 해서 상대에게 전한다. 그리고 월 상환액과 상환 기간에 대해 제안한다. 물론 상대에게 그 제안을 거절당할 가능성도 있다.

중요한 것은 애매한 상태로 있지 않고 명확히 하는 것이나. 이를 통해 완료에 한발 가까워진다.

이는 돈을 빌린 사람뿐만 아니라 빌려준 사람에게도 마찬가지다.

돈을 빌려준 일이 미완료가 되어 있는 경우, 당장 전화해서 돈을 빌려준 사실을 확인하고, 갚을 생각이 있는지 어떤지를 명확히 한다. 만약 돌려받을 가능성이 없어 보이고 그것이 계속 미완료를 발생시키고 있다면, 용기를 내서 "그건 그냥 준 거로 칠 테니까, 안 갚아도 돼." 하고 말해 봤으면 한다.

물론 돌려받지 못하는 것에 대해 할 말이 많겠지만, 금액에 따라서는 그 돈을 받지 못해서 발생하는 미완료 때문에 당신의 퍼포먼스가 떨어지고 있는 쪽이 오히려 더 비싸게 먹힌다. 앞으로의 퍼포먼스를 생각한다면 차라리 포기하는 편이 훨씬 가성비가 좋다. 갚지 않을 상대에게 돈을 빌려준 자신의 미숙함을 인정하고 포기한다. 그렇게 완료하고 앞으로 나아간다면 그 정도 돈은 금방 다시 벌 수 있다.

☀ 외출 중이어서 집 배수구 청소를 할 수 없다

지금 당장 홈 클리닝 업체를 찾아서 예약한다. '집에 가면 해야지'는 대부분의 경우 실행되지 않는다. 그렇게 또다시 미완료를 하나 늘릴 바에는 지금 당장 예약하자. 예약한 날이 되면 전문가의 손길로 배수구는 몰라볼 정도로 깨끗해진다. 하는 김에 에어컨과 방충망 청소까지 다 의뢰해 버리자. 돈은 들지 몰라도 실제로 맡겨 보면 생각한 것 이상으로 효과가 있다.

돈으로 해결할 수 있는 일은 가능하면 돈으로 해결하는 편이 좋다. 그것은 단지 돈의 소비가 아니다. 자신의 퍼포먼스 향상에 대한 '투자'다. 그 정도의 투자는 자신의 퍼포먼스가 올라가면 충분히 회수될 수 있다.

'배수구 청소 정도는 직접 할 수 있어' 같은 생각은 제발 하지 않기를 바란다. 할 수 있었으면 애초에 더러워지지도 않았다. 직접 할 생각은 당장 접고 전문가를 적극적으로 활용한다. 돈으로 해결할 수 있으면 오히려 감사하다고 생각하는 편이 좋다. 돈을 쓰고 싶지 않다면, 가족과 함께 사는 경우 집에 전화해서 "오늘 집에 가면 배수구 청소를 할 거야."라고 단언한다. 그래도 약속을 지키지 않는 사람은 있겠지만 어느 정도 강제력은 생길 것이다.

● 한동안 부모님을 뵙지 못했다

지금 당장 부모님에게 전화하자. 그리고 부모님을 뵈러 갈 날을 정하고, 기차 또는 비행기 티켓을 예약하자. 전화했으니까 됐다고 생각하고 넘어가면 안 된다. 그때 전화만 하고 어영부영 넘어갔네 하는 미완료가 나중에 다시 부활한다. 쑥스러움, 곤란함, 귀찮음 등 여러 가지 감정이나 상황이 있을지 모르지만, 지금 마음먹었을 때 바로 해 버리지 않으면 나중에 다시 한번 고려하게 되는 경우는 거의 없다. 할 일은 지금 이 순산에, 기회는 한 번밖에 없다. 지금 당장 전화해서 일정을 정하고 티켓을 예약해야 한다.

이렇게 지금 이 자리에서 완료할 수 없다고 생각되는 일이라도 어떠한 행동으로 옮기는 것은 가능하다. 그것이 '해결'되는지 아닌지에 대한 이야기가 아니다. 자신 안에서 애매한 상태로 테이블 밑에 숨겨 두었던 것들을 명확히 해서 테이블 위에 올려 둔다. 그리고 다시 마주하고 하나하나 결말을 짓는 것. 이것이 완료로 가는 길이다.

하지만 그중에서도 도저히 완료되지 않는, 즉 마주하는 것조차 곤란한 일도 있다. 경우에 따라서는 다른 사람에게 말할 수 없는, 또 말하고 싶지 않은 일도 있을 것이다.

그러한 것들은 '이건 미완료 상태로 두겠다.' 하고 일단 선반에 올려 두자. '이건 내 안에서 지금은 다루지 않겠다.' 라고 결정하고 추후 적당한 타이밍에 다룬다. 포인트는 '다룰 수 없다'가 아니라 '다루지 않는다'라고 결정하는 것. 그것을 당신의 의지로 정한다.

그때는 '이 미완료에 관해서 어떤 것부터라면 행동으로 옮길 수 있을까?' 하고 스스로 질문해 본다. 한 번에 완료할 필요는 없다. 할 수 있는 범위 내에서 조금씩 하면 된다. 예를 들어 인간관계에서 치유될 수 없는 깊은 상처를 받았다면, 언젠가 그 사실을 말할 수 있을 만한 사람이 나타나면 그때 조금씩 전해 본다. 상처를 다루는 데는 용기가 필요하지만 미완료를 떠안은 채 살아가는 것만큼 건강하지 않은 것은 없다. 어느 정도 데미지를 입을지도 모르지만 완료할 용기를 가지고 마주한다면 그 이상의 무언가를 분명 얻을 수 있다.

정리해 보면, 완료의 방법은 크게 4가지다.
① 지금, 한다.
② 지금, 누군가에게 의뢰한다.
③ 지금, 실행할 날을 정한다.
④ 지금, 하지 않기로 결정한다.

① 지금, 한다.

- 고등학교 때 친구에게 전화해서 "그때 심한 말을 해서 미안해."라고 말한다.
- 부모님에게 전화해서 본가에 갈 날을 정한다. 동시에 조부모님 산소에 함께 가자고 청한다.
- 컴퓨터 바탕화면을 정리한다.
- 온라인몰에서 치약, 샴푸, 휴지를 5개씩 구매한다.
- 냉장고 안에 있는 조미료를 버린다.
- 휴지통을 비운다.
- 구멍 난 양말을 버린다.
- 화분에 물을 준다.
- 미납한 세금을 납부한다.
- 공과금 납부를 자동 이체 또는 카드 결제로 변경한다.
- 대신 내 준 점심값 만 원을 청구한다.
- 지금까지 저축한 세뱃돈이 어디 있는지 부모님께 묻는다.

이 일들은 대부분 15분이면 완료할 수 있다. 지금 바로 할 수 있는 일은 당장 실행에 옮긴다.

② 지금, 누군가에게 의뢰한다.

- 홈 클리닝 업체를 알아보고, 배수구, 에어컨, 방충망 청소를 의뢰한다.
- 집안 산소 벌초를 부모님 또는 전문 업자에게 의뢰한다.

이 일들도 15분 안에 대부분 완료된다. 누군가에게 의뢰하는 영역은 '사물'의 미완료 대부분을 완료 쪽으로 끌고 갈 수 있다. 앞서 이야기했듯이 돈으로 해결할 수 있는 일은 돈으로 해결한다. 그것은 자신에게 하는 수익률이 아주 높은 투자다.

③ 지금, 실행할 날을 정한다.

- 부모님에게 전화할 날을 정하고, 그 날에 전화한다.
- 배수구를 청소할 날을 정하고, 그 사실을 함께 사는 가족에게 지금 바로 말한다.
- 시든 화분을 버리고, 새 화분을 사러 갈 날을 정해서 바로 약속을 잡는다.
- 2년 이상 입지 않은 옷을 추려서 중고 판매 앱 등에 내놓을 날을 정하고, 지금 스케줄러에 기록한다.

이 일들 역시 일정을 정하는 것뿐이라면 15분 이내에 대부분 완료된다. 이 방법은 도저히 지금 할 수 없을 때 한해서 사용한다. 왜냐하면 이 일들은 여태껏 계속 미뤄 온 결과 지금 여기에 미완료로 남아 있는 것이기 때문이다.

더는 미루지 않도록, 가능하면 이 ③번 방법은 사용하지 않고 어떻게든 지금 이 자리에서 완료했으면 한다. ③번을 사용하는 경우에는 누군가와의 약속을 통해 강제력을 부여해 두면 실행 가능성이 높아진다.

④ 지금, 하지 않기로 결정한다.

- 고향 친구에게 연락해서 "동창회 하지 말자."라고 말한다.
- 빌려준 돈을 "갚지 않아도 돼." 하고 지금 연락한다.

손을 놓는 것은 상상 이상으로 몸을 가볍게 한다. 손을 놓으려면 용기가 필요하지만 일단 놓아 보면 자신이 집착하고 있던 것이 스스로 얼마나 무거운 족쇄였는지를 통감하게 된다. 애매한 부분을 명확히 하는 과정에서 '이건 안 할래', '이건 포기할래' 하고 결정해 버리는 것도 완료의 한 가지 형태다.

완료하면 가벼워진다

여기까지 10분 동안 미완료를 종이에 적고, 15분 동안 실행하는 방법을 실천한 사람이라면 분명 완료의 효과를 구체적으로 실감할 수 있을 것이다. '개운하다'라는 감각이다.

그렇다. 완료하면 신기하게 가벼워진다. 결코 새로운 공간을 얻었거나 공간을 확장한 것이 아니다. 원래부터 가지고 있던 자신의 공간에 미완료가 잔뜩 눌러앉아 있었는데 이제는 그 미완료가 사라졌을 뿐이다. 즉 원래 있던 공간을 되찾은 것에 지나지 않는다.

단지 그것만으로 퍼포먼스는 극적으로 개선된다. 게다가 이를 위해 필요한 시간은 불과 25분 남짓이다. (10분 동안 적고, 15분 동안 실행.)

퍼포먼스는 '끌어올리는' 것이 아니라, '되찾는' 것이고 '회복하는' 것이다. 애플리케이션을 설치하기 전에 OS를 업데이트할 필요가 있다고 앞서 언급했는데, 정확히 말하면 업데이트할 필요조차 없다. 본래의 자신을 되찾기만 하면 된다.

대부분의 사람은 원래 높은 퍼포먼스를 가지고 있다. 미완료에 의해 자동적으로 퍼포먼스가 떨어진 것일 뿐, 한번 완료되면 원래의 고성능의 자신으로 돌아갈 수 있다.

컴퓨터도 계속 사용하다 보면 동작이 점점 무거워진다. 정기적으로 캐시를 정리하면 동작이 원래의 속도로 돌아간다. 이와 마찬가지다.

늘 완료 상태를 유지한다

완료 상태에서 느끼는 산뜻한 기분을 체감하면, 그다음부터는 미완료가 신경 쓰이기 시작한다.

'지금, 한다'라는 감각은 한번 방치해 두게 되면 나중으로 미루는 습관이 금방 다시 고개를 든다. '지금, 한다'라는 배수관이 있다고 치면, 무언가를 나중으로 미루는 찰나 그 배수관은 막히기 시작한다. 나중으로 미룬 안건이 계속 쌓일수록 '지금, 한다'의 배수관은 꽉 막혀서 물이 내려가지 않게 된다.

막상 하려고 해도 어디서부터 손을 대야 할지 모른 채, 간단한 작업조차 실행할 수 없게 된다. 이 배수관만은 늘 깨끗하게 유지되도록 계속 관리했으면 한다. 그 포인트는 역시 '지금, 한다'를 차곡차곡 쌓아가는 것이다.

'지금, 한다'가 습관으로 정착되면 커뮤니케이션에 변화가 일어난다. 대화 도중 상대방의 말에 위화감을 느꼈을 때 그 자리에서 완료하려고 하는 것이다.

실제로 나는 아내와 대화를 하는 중에 "그런 식으로 말하지 않았으면 좋겠는데"라고 몇 번이나 말한 적이 있고 반대로 들은 적도 있다. 나중으로 미루지 않는 것이 서로에게 자연스러워지면 미완료는 잘 남지 않는다.

"다음에 한잔해요." 하고 애매한 약속을 주고받게 되는 상황에서는 그 자리에서 "언제로 할까요?" 하고 일정을 정한다. 위화감, 불쾌감, 애매함을 느꼈을 때는 대부분 그 상황을 '건너뛰어서' 뒤로 미루는 경향이 있다. 그것은 돌고 돌아 미완료가 되고, 자신의 퍼포먼스를 떨어뜨린다. 그러나 퍼포먼스 저하의 원흉을 만든 건 상대방이 아니라 바로 당신이 '건너뛴' 것에 있다. 그러니까 건너뛰지 말자. 신경 쓰이는 일은 그 자리에서 해결하고 작은 미완료도 남기지 않는다. 이러한 습관이 생기면 평소 미완료가 잘 발생하지 않게 된다.

'건너뛰지 않는' 삶의 방식을 선택하는 데에는 용기가 필요하다.

왜냐하면 대화 중 발생한 위화감, 불쾌감, 애매함을 그 자리에서 완료하면 오히려 상대방 쪽이 불쾌함을 느낄 가능성이 있기 때문이다.

그렇게 해서 불쾌함을 느끼고 당신에게서 멀어지는 사람이라면, 당신이 본래의 자신을 되찾는 과정에서 어차피 자연적으로 멀어질 사람이다. 단지 시간문제다. 오히려 당신에게 위화감이나 불쾌감을 주는 사람과의 대화를 통해 당신 자신의 퍼포먼스를 계속 떨어뜨리는 것이 더 위협이다.

'건너뛰지 않는' 태도는 그 자체로 박력이 되어 상대방에게 전해진다. '이 사람은 이 정도까지 말하면 불쾌하게 생각한다'라는 경계선이 확실히 생기면 사실은 상대방 입장에서도 대화하기가 더 쉬워지는 경우가 많다.

자기 자신의 완료를 최우선으로 하면 신기하게도 비슷한 사람들이 모인다. 서로 자신의 완료를 우선시한다는 사실을 알고 있어서 그것이 쉽게 허용되기 때문이다. 자신에게 미완료가 적으니 상대방과의 대화에서도 거짓이나 찜찜한 부분이 없고 늘 완료 상태로 인간관계를 이어갈 수 있다. 이러한 커뮤니티가 형성되면 거기서 생겨나는 아웃풋의 퀄리티는 매우 높다.

자신의 완료를 우선시하지 않고 타인이나 사회의 눈치만 보면서 미완료를 늘려가다 퍼포먼스가 자동적으로 떨어지면, 사람들은 점점 아무렇지도 않게 당신의 경계선을 넘게 되고 그로 인해 새로운 미완료는 더 늘어난다. 그것은 당신 스스로가 이른바 미완료를 '건너뛰며' 허용해 온 것의 역사다.

조금 용기가 필요한 일이지만 무엇보다 먼저 자기 자신의 완료 상태를 우선시하며 살아 보자.

그렇게 하면 퍼포먼스는 생각보다 훨씬 극적으로 회복되고, 원래 당신이 가지고 있던 뛰어난 상태로 돌아갈 것이다.

Action!

♣ 미완료 상태(사람, 사물, 돈)를 모두 종이에 적는다.

♣ 미완료 상태를 즉시 정리한다. 바로 할 수 없는 일은 할 날을 정한다.

♣ 미완료 상태 중에서 하지 않을 것을 결정한다. 그리고 관련된 사람에게 '하지 않겠다'고 전한다.

♣ 앞으로 미완료를 남기지 않기 위해 '지금, 한다'의 습관을 들인다.

♣ 대화에서 상대방에게 위화감을 느꼈다면 즉시 해소한다.

제2장

생각하지 않고 한다

당신이 하는 거의 모든 일이 사소하다.
하지만 당신이 그것을 한다는 것은 매우 중요하다.
– 간디(Mahatma Gandhi)

자신自信이라는 환상

미완료를 완료하고 본래의 퍼포먼스를 되찾은 당신은 아마도 의욕으로 충만해져 있을 것이다. '자, 이제부터는 성과를 내는 방법을 실천할 단계다!'라고 생각할지 모르지만 그러기엔 아직 이르다.

방을 깨끗하게 치웠으니 아름다운 꽃을 꽂아 두고 싶겠지만 아직 할 일이 남아 있다. 컴퓨터에 비유하면 동작이 무거워진 증상이 해소되어 원래의 속도로 돌아간 것뿐이다.

OS의 업데이트는 사실 이제부터 본격적으로 시작된다. 성과를 내는 방법을 실천하기 전에 여기서 중요한 한 단계를 거치고자 한다.

2007년, 프로야구 입단 1년 차의 내 연봉은 460만 엔(약 4200만 원)이었고, 방출되었을 때인 6년 차의 연봉은 580만 엔(약 5300만 원)이었다. 내 프로야구 선수 생활에 있어 유일한 긍지라고 하면 계약 갱신에서 한 번도 감봉된 적이 없다는 사실이다. 지금에 와서 농담처럼 하는 말이지만, 1군에서 안타를 한 번밖에 치지 못한 나 같은 선수에게도 매년 조금씩이나마 연봉을 올려 준 구단에 감사한 마음뿐이다.

프로야구 선수는 2군에 있는 한 연봉이 600만 엔을 상한선으로 두고 조정된다는 설이 있는데, 딱 맞는 말이다. 내 선수 시절 '최고' 연봉은 580만 엔이었다.

프로는 항상 성과로 평가받는다. 그 6년 동안 무슨 일이 있었는지는 연봉이 증명한다고 할 수 있는데, 내가 프로야구 선수로 크게 성공하겠다는 목표를 가지고 필사적으로 훈련에 매진한 성과는 6년 동안 '120만 엔어치'밖에 나오지 않았다.

인생에서 그 정도까지 열심히 한 시기는 없다고 생각할 정도로 죽을 만큼 노력했다. 하지만 내가 느끼기에 그 성과로는 너무나도 작았다. 하지만 이는 틀림없는 사실이다. 이 사실을 마침내 받아들일 수 있게 된 것은 은퇴하고 어느 정도 시간이 흐른 뒤다.

나는 프로야구를 은퇴한 후 데이터 애널리스트 일을 시작했다. 야구 경기 영상에서 데이터를 추출하는 시스템을 만들었고, 실제 사회인 야구팀과 1년간 함께하면서 오로지 컴퓨터 앞에서 데이터 분석만 했다.

작업을 한번 시작하면 22시간 30분 동안은 컴퓨터 앞에 앉아 일에 몰두하곤 했다. 직전까지 운동선수였다 보니 체력은 남아돌았다. 그 체력을 전부 데이터 분석에 쏟아부었다. 체중이 14킬로그램이나 빠졌고 늘 잠이 부족한 탓에 안색도 많이 안 좋아졌지만, 프로그래밍도, 코딩도 적성에 맞아서 그랬는지 일 자체는 정말 재미있었다.

이 일을 해서 번 돈은 프로야구 은퇴 1년 차로 봤을 때는 생각보다 좋았다고 말할 수 있다.

나는 본격적으로 비즈니스의 세계로 나가 보고 싶다고 생각하게 되었다. 프로야구라고 하는 특수한 세계를 6년간 경험했고, 컴퓨터로 하는 작업은 보통 사람 이상의 실력을 갖추고 있다는 점에서, 건방지긴 하지만 꽤 자신 있었다. 다양한 업종, 업태의 경영에 관여해 보고 싶다는 호기심으로 지금 하고 있는 일인 경영 컨설팅에 뜻을 두게 되었다.

구분을 하자면 컨설팅이지만, 내용을 들여다보면 경영진을 대상으로 하는 코칭이다. 기업이 어떤 목표를 가지고, 어떻게 그 목표에 도달할지를 서포트하는 일이다. 이때가 26세. 물집투성이였던 손은 말끔해졌지만, 그 손에는 분명 자신감과 희망이 쥐어져 있었다.

슈퍼플레이어와의 명확한 차이는 무엇인가

하지만 현실은 그리 녹록지 않았다. 뭘 해도 잘 안 풀렸다.

애초에 영업이라는 것을 해 본 적이 없었기 때문에 일을 전혀 잡지 못했다. 경영, 더 나아가 비즈니스에 대해 아무것도 모르는 고졸의 전 프로야구 선수가 형태가 있는 상품을 사 달라는 것도 아니고, 회사 경영을 서포트할 테니 그것을 사 달라는 제안이다. 딱 봐도 너무 이상하다. 당연히 잘될 리가 없다.

그러던 중 운 좋게도 연간 1억 엔 이상 버는 생명보험 및 부동산 영업맨, 광고 카피 한 편에 수백만 엔을 받는 카피라이터, 1회 강연료가 100만 엔을 넘어서는 강사 등 차원이 다르게 돈을 버는 사람들과 이야기 나눌 기회를 몇 번 갖게 되었다.

그들이 해 주는 말은 늘 너무 당연한 소리였다. '감사한 마음을 잊지 않는다', '누구든 같은 태도로 대한다', '작은 약속도 반드시 지킨다' 같은 내용이었다. 당시 빠르게 성공하고 싶었던 나에게는 그런 조언들이 그다지 와닿지 않았다.

내가 알고 싶은 것은 어떻게 하면 큰 성공을 거둘 수 있는지 구체적인 방법이나 비결이었다.

그런 당연한 일들은 나도 물론 할 수 있고, 하고 있다고 확신했다. 그렇게 치면 내 앞에 있는 이 슈퍼플레이어들과 나는 그다지 큰 차이가 없다고 생각했다.

그러고 보면 프로야구를 할 때도 그랬다. 눈앞에서 플레이하고 있는 이 연봉 1억 엔의 선수와 연봉 580만 엔의 선수인 나 사이에 정말로 20배나 차이가 있다고는 생각하지 못했다.

나와 이 사람 사이에는 작은 차이만 있을 뿐이다. 계기만 있으면 나라고 저렇게 되지 말란 법 없다.

20배의 격차가 있다는 현실은 제쳐 두고, '나의 세계'에서는 슈퍼플레이어들과 나를 동급으로 취급하고 있었다.

생각만 하다 보면 영원히 성공할 수 없다

하루는 당시 나에게 선망의 대상이자 비즈니스에서도 큰 성과를 올리고 있던, 존경하는 경영자에게 성공하기 위한 조언을 얻으러 갔다. 그는 내 이야기를 가만히 듣더니 거의 무표정으로 이렇게 말했다.

"음. 일단 성공이 뭔지는 모르겠지만, 어쨌든 전철 타고 다니는 걸 한번 그만둬 봐. 돈 잘 버는 경영자들은 대부분 전철을 안 타니까, 그것부터 따라 해 보면 어때?"

"아, 그러네요……" 하고 건성으로 반응하는 동시에 나는 속으로 계속 생각하고 있었다.

'전철을 타지 않는다는 건, 택시로 이동?'

'아니야, 그럴 돈도 없고.'

'뭐, 무슨 말인지는 알겠지만, 지금의 나로서는 무리일 것 같은데.'

'돈을 잘 벌면 당연히 그렇게 하고 싶지.'

그런 내 모습을 보고 그는 조금 실망한 듯한 표정으로 말을 이어 갔다.

"혹시 지금 생각 중이야? 생각만 하고 있는 한 영원히 성공할 수 없어."

대화는 여기서 끝났다. 생각만 하고 있는 한 영원히 성공하지 못한다. 그 말이 머릿속에서 계속 맴돌았다.

지금 당신이 있는 곳은
당신이 한 의사결정의 결과다

예를 들어 지금 바라지 않는 현실에 놓여 있다고 해도, 자신을 그 곳으로 데려온 것은 분명 자기 자신이다.

어떤 한 가지 의사결정이 결정적으로 지금의 자신을 만들었냐고 하면 그렇지 않다. 방대한 의사결정'군'의 결과가 지금의 자신이다. 케임브리지 대학의 바바라 사하키안Barbara Sahakian 교수에 따르면, 사람은 하루에 최대 약 3만 5천 번의 결정을 한다고 한다.

그렇게나 많은 결정을 하고 있다는 사실이 놀랍지만, 그 내용을 자세히 들여다보면 아침에 일어나는 순간부터 방대한 의사결정을 하고 있다는 사실을 알 수 있다. 지금 일어날까, 조금만 더 잘까. 화장실을 갈까, 먼저 물을 한 잔 마실까. TV를 켤까, 어떤 프로그램을 볼까, 집에서 몇 시에 출발할까, 어떤 옷을 입을까.

아침에 일어나서 아직 아무도 만나지 않은 상태, 말 한마디 하지 않은 단계에서 이미 다수의 의사결정 과정을 통과했다. 이렇게 하루 종일 이어지고, 일주일, 한 달, 1년, 10년을 지나며 점점 쌓여서 다다른 곳이 지금의 당신이다.

만약 다다른 장소가 자신이 바라던 그곳이 아니라고 한다면, 다음으로 다다를 장소를 바꾸기 위해서는 매일 계속되는 의사결정 하나하나를 바꿔 가는 수밖에 없다. 그럼 어떻게 하면 의사결정을 바꿀 수 있을까?

이사를 하면 아무리 이상적인 곳으로 이사를 했다고 해도 아주 강한 스트레스를 받게 된다. 왜냐하면 평소의 일상적인 생활을 지금까지와는 다르게 하나하나 의식적으로 해야 할 필요가 있기 때문이다.

집을 나서서 회사까지 가는 것만으로도 힘들다. 집에서 몇 시에 나갈지, 어떤 길로 갈지, 몇 호선을 탈지, 몇 호차에 탈지, 어떤 역에서 갈아탈지, 익숙한 동네라면 생각하지 않아도 되는 문제들이지만, 이사를 계기로 이렇게 하나하나 의사결정을 하지 않으면 회사에 도착할 수 없다.

하지만 매일 이렇게 의도적으로 결정하려면 지나치게 스트레스를 받기 때문에 시간이 흐를수록 생각하지 않아도 같은 행동을 할 수 있게 된다. 이것을 습관화라고 한다.

처음에는 하나하나 고려하고 결정하지 않으면 회사에 도착할 수 없었지만, 점차 다른 생각을 하면서도 무의식적으로 도착할 수 있게 된다. 하루에 3만 5천 번의 결정을 한다고 했는데, 사실 들여다보면 대부분 습관화된 사고에 의한 결정이기 때문에 의도하지 않고 결정하는 상태에 가깝다.

그래서 스스로 의사결정을 바꿔 보고자 결심하고 분발해도 대부분은 무의식적으로 결단이 내려진다. 의사결정 하나하나를 효과적으로 해 보려고 해도, 무의식하에 일어난 그 외의 방대한 의사결정에 중화되어 결국은 원래대로 돌아간다.

게다가 이렇게 원래대로 돌아가려는 힘은 매우 강하다. 그것은 십수 년에 걸쳐 쌓아 올려진 당신 자신의 '사고의 벽'이기 때문이다.

단 몇 개월 만에 그것을 교체하려고 하는 것이기 때문에 사실 자기 자신을 변화시키는 것은 우리의 생각 이상으로 어려운 문제다. 그럼 어떻게 하면 무의식하에 일어나는 의사결정을 교체해서 새로운 사고 패턴을 몸에 새길 수 있을까.

우리가 다루는 것 중에 지나치게 무의식적이어서 알아차리지 못하는 것이 있다. 그것은 '말'이다.

예를 들어 '내일부터 전철을 타지 않겠다'라고 하는 대담한 의사결정은 그에 따르는 자원(주로 돈)을 필요로 한다. 하지만 '말을 바꾸겠다'라는 내가 의도하면 지금 이 순간부터 실행 가능하고 거기에는 어떠한 자원도 필요하지 않다.

그리고 다양한 말 중에서도 자기변혁의 최초의 적이자 최강의 적이 되는 말이 있다.

그 말은 '그래도'이다.

앞서 이야기했던, 존경하는 경영자에게 '전철 타는 걸 그만둬 본다'라는 제안을 받았을 때, 내 마음속 대화는 모두 '그래도'로 시작하고 있었다.

'그래도, 택시 탈 돈도 없는데……'
'그래도, 지하철도 충분히 편리한데……'
'그래도, 성공한 경영자 중에서 전철 타는 사람도 있는데……'

조언을 얻고자 한 건 나다. 내 질문에 대해 진지하게 답을 듣고 제안을 받는데도 나는 그 말을 부정하는 데 그치지 않고 심지어 내 생각이 맞는다는 듯 상대방에게 반론하려고까지 했다.

상대방 입장에서 보면 이건 뭔가 싶었을 거다. '그래도'는 당신을 지금 있는 곳에 그대로 멈춰 세우는, 강력하게 끌어당기는 힘을 발생시킨다.

게다가 이 말은 대부분의 경우 무의식적으로, 그리고 반사적으로 머릿속 대화에 등장하기 때문에 알아차리지 못하는 경우가 많다. 스스로를 개혁하고 싶지만, 자신도 모르는 사이에 원래 가지고 있던 사고로 강제적으로 되돌아간다. 이런 일이 반복해서 일어나다 보면 결국은 아무것도 바뀌지 않은 채 그곳에 머무르게 된다.

완전히 항복해 본다

이 끌어당기는 힘에서 탈출하기 전에 다시 한번 확인해 두었으면 하는 것이 있다. '그래도'라는 말을 이용해 돌아가려고 하는 원래의 사고가 바로 당신을 여기까지 데리고 온 사고라는 사실이다. 만약 지금 당신이 있는 장소가 바라던 곳이 아니라면, 당신을 여기까지 데리고 온 당신의 사고, 의사결정은 형편없는 것이었는지도 모른다.

내가 이 사실을 인정하는 데는 용기가 필요했다.

프로야구 선수 시절 6년간 얼마나 피나는 노력을 했든 죽을 만큼 최선을 다했든지 간에 내가 받은 최고 연봉은 580만 엔이었고 통산 안타는 단 한 개라는 사실을 받아들이지 않는 한 아무것도 시작되지 않는다.

나의 문제 해결 능력은 6년을 바쳐 통산 안타 한 개, 연봉 580만 엔이다. '그래도'라는 말을 써서 돌아가려고 하는 세계는 580만 엔의 사고 안쪽에 있다. 그 세계로 돌아가서 생각하고 의사결정한 결과는 6년 동안 단 한 개의 안타밖에 만들어 내지 못했다는 사실로 나타났다.

만약 정말 자기변혁을 하고 싶다면 당신을 여기까지 데리고 온 당신 자신의 사고에 이별을 고하고 끊어내야 한다.

나와 연봉 1억 엔의 선수 사이에는 분명 20배 이상의 차이가 있다는 사실, 그리고 그것은 의사결정 능력이 형편없었기 때문이라는 사실을 받아들인다. 이렇게 완전한 항복을 할 수 있을 때 비로소 당신은 자기변혁의 출발점에 섰다고 할 수 있다.

갑자기 세븐일레븐의 로고를 그려 보라고 했을 때 바로 그릴 수 있는 사람은 거의 없다. 분명 세븐일레븐 로고는 길을 오가며 몇 번이고 봤을 것이다. 어쩌면 하루에 10번 이상 눈에 들어왔을 가능성도 있다. 하지만 의도하고 보지 않으면 잘 안 보인다. 풍경으로서가 아니라 집중해서 보면 그제야 '7ELEVEn'의 N이 소문자 n으로 쓰여 있다는 사실을 알아차린다. 의식하면 갑자기 보이기 시작한다.

'그래도' 역시 마찬가지다.

자신이 평소 이 말을 쓰는지 안 쓰는지를 떠나, 머릿속에서 '그래도'를 몇 번 사용하는지 의식해 보면 생각보다 너무 많아서 분명 놀랄 것이다. '그래도'는 자기변혁에 있어 최초, 그리고 최강의 적일 뿐만 아니라, 알아차리지 못하는 사이에 허락 없이 당신의 인생에 몇 번이고 등장해서 강력하게 끌어당기는 힘을 발생시킨다.

이 말은 한번 등장하면 초반에는 좀처럼 무대에서 내려갈 생각을 안 한다. 그러니 '그래도'의 등장 자체는 허용하자.

대신에 '그래도'가 나타났을 때 바로 그 말을 밀어내 없앨 수 있는 말을 준비해 두자. 그 말은 사람에 따라 다르겠지만 다음의 말들은 쉽게 쓸 수 있으니 꼭 활용해 보길 바란다. 그것은 '네!', '해 보겠습니다!', '몰랐습니다!'이다.

"일단, 전철 타는 걸 그만둬 봐."
→ "네!"
→ "바로 해 보겠습니다!"
→ "성공한 사람들은 전철을 타지 않는다니, 몰랐던 사실이네요!"

정말로 전철을 타지 않을지 어떨지는 중요하지 않다. "네!'라고 말하면 진짜 택시로 이동해야 하잖아.' 같은 생각을 하기 시작하면 끌어당기는 힘에 의해 다시 끌려가고 만다.

우선은 판단하지 않고 말을 먼저 내뱉는다. "몰랐습니다!" 하고 직접 말로 해 봐야만 알 수 있는 세계가 있다.

소리 내서 말해 보지 않으면 체험할 수 없다. 그리고 그것은 당신이 알고 있다고 생각했더라도 사실 처음 '알게 된' 것이다.

'그래도'는 우리 인생에 생각보다 훨씬 자주 등장한다. 이 사실에

포커스를 두고 우선 그 말을 의식하려고 한다. 그리고 알아차렸을 때는 다른 말로 밀어낸다.

　그것만으로도 지금까지 체험해 보지 못한 새로운 감각을 갖게 될 것이다.

'역추세 매매'
- 마음이 저항하는 쪽으로 가 본다

내가 한창 자기변혁에 도전하고 있었을 때, 성공한 경영자들의 가르침에 따라 러닝하는 습관을 들이려고 했다.

언제나 그렇듯이 일주일 동안 실천하고 나니 '오늘은 뛰지 않아도 되지 않을까?' 하는 생각이 머릿속을 지배하기 시작했다. 하루는 일하다 보니 밤 10시 반이 넘었다는 사실을 깨달았다. 동시에 오늘은 아직 러닝을 하지 못했다는 사실도 떠올랐다.

밖은 더웠고, 일도 아직 끝나지 않았고, 무엇보다 피곤했다. 아닌 게 아니라 오늘은 그냥 뛰지 말까 하는 생각이 들었다. 그 순간 그렇게 생각하는 나 자신을 조망해 볼 수 있었다.

'이런 상황에서 '뛰지 않는다'를 선택해 왔기 때문에 지금의 내가 된 것이 아닐까?'

'만약 여기서 '뛴다'를 선택한다면, 내 인생 첫 선택이 아닌가?'

나는 갑자기 두근거리기 시작했다.

머릿속에서는 580만 엔의 내가 '무슨 소릴 하는 거야! 시간도 이렇게 늦었고, 일도 아직 안 끝났고, 피곤해 죽겠는데, 말도 안 돼!' 하고 소리치고 있다. 하지만 그가 소리치면 칠수록 나에게는 기회로 느껴졌다. 여기서 '뛴다'를 선택하는 것만으로 지금까지 한 적 없는 일, 경험해 보지 못한 인생으로 나아갈 수 있기 때문이다.

나는 컴퓨터를 그대로 켜 둔 채, 불도 켜 둔 채 그 기세 그대로 밖으로 나갔다. 그리고 밤거리를 전력으로 달렸다. 머릿속에서는 여전히 580만 엔의 내가 소리치고 있다. 그 소리는 러닝이 끝날 때까지 계속되었다. 30분 후, 땀범벅이 된 내가 집 앞에 서 있었다.

580만 엔의 나는 아직 항복하지 않았다. 그런 그에게 '이러니저러니 해도 결국 뛰었잖아. 이런 경험은 지금까지의 인생에는 없었는걸' 하고 말을 건넸다. 뛰는 동안에 머릿속에서 어떤 대화가 이어졌든 실제로 일어난 일은 밤 10시 반부터 러닝을 했다는 사실이다.

그런 과정은 있었을지 몰라도 '매일 달린다'라는 행동을 지속할 수 있었던 자신에 대한 자기긍정감이 펑펑 솟아난다. '어쩌면 내 안의 저항 세력이 목소리를 냈을 때야말로 기회가 아닐까?' 하는 사실을 깨닫기에 충분한 체험이었다.

자신의 1차 반응을 의심하는 것은 곧 변화의 기회다. 특히 '하기 싫어', '상상도 못 하겠어', '이해 안 돼' 같은 저항 세력이 목소리를 크게 낼수록 더욱더 의심하는 것이 좋다.

애초에 '이해되는' 범위라 함은 그것이 580만 엔의 사고 안쪽에 있다는 사실을 증명한다. '전철을 타지 않는다'를 즉시 부정하기 시작한 것은 그것이 내 사고의 바깥쪽에 있어서 이해할 수 없었기 때문이다. 밤 10시 반에 하는 러닝에 저항을 보인 것도 그것이 580만 엔의 사고 바깥쪽에 있었기 때문이다. 저항 세력이 목소리를 낼 때야말로 '오, 여기가 내 사고의 시작인가!' 하고 재미있어하게 되었다. 그리고 저항 세력이 떠들어 대고 있다는 사실을 기쁘게 받아들일 수 있게 되었다.

예전의 내가 사고하고 의사결정한 것의 반대로 간다. 철저하게 역추세 매매(주식에서 추세를 역행하는 투자-옮긴이)를 하는 거다.

계속 이렇게 하다 보면 뇌는 혼란 상태에 이른다. 지금까지 사고해 온 것, 의사결정해 온 것이 모두 선택되지 않고 오히려 반대쪽이 선택된다. 아무리 저항해 봐도 이 사람은 그 소리를 들어 주지 않는다.

저항 세력은 점차 저항하기를 멈췄다. 이렇게 해서 내 안에서 예전에는 사고하지 않았고 선택할 리 없었던 인생이 차례차례 나타나기 시작했다.

'좋은 부분을 받아들이자'라는 생각은
두 번째 적

프로야구 선수 시절, 나는 투수 코치에게 상담을 한 적이 있다. 어떻게 해야 제구가 좋아지는지에 대한 상담이었다. 야수인 선수가 투수 코치에게 조언을 구하는 일은 거의 없다. 하지만 프로의 투수가 제구를 어떻게 단련하는지 그 과정에 흥미가 있었던 나는 호기심을 가지고 질문했다.

코치는 나에게 3개의 공을 천천히 건넸고, "저기에 있는 밸런스 볼을 맞혀 봐." 하고 말했다. 15미터 정도 앞에 지름이 약 60센티미터 정도 돼 보이는 밸런스 볼이 놓여 있었다. 공을 던져서 거기에 맞춰 보라는 말이었다. 내가 던진 첫 번째 공은 오른쪽으로 빗나갔다. 이어서 두 번째 공을 던지려는 찰나 갑자기 코치가 나에게 질문을 했다.

"지금 무슨 생각 하고 있어?"

투구 동작에 들어갔던 나는 자세를 풀고 대답했다.
"아, 오른쪽으로 빗나갔으니까 이번에는 조금 왼쪽으로 던져야지 하고 생각했습니다."
"그렇게 하면 제구는 좋아질 수 없어. 네게 '조금 더 왼쪽으로 던지는' 제구 능력이 있으면 처음부터 맞출 수 있었겠지. 오른쪽으로 빗나갔으면 이번에는 왼쪽으로 벗어나게 해 봐. 그리고 세 번째 공은 그 사이로 던져. 그럼 맞출 거야. 지금의 너에게 세밀하게 조절하는 능력은 없어. 그걸 인정할 수 있으면 제구는 좋아질 거야."

나는 마치 벼락을 맞은 듯 감동했다. 그리고 이러한 사고방식은 지금도 무척 중요한 교훈으로 내 안에 새겨져 있다.
자기변혁을 할 때 가장 쉽고 빠른, 그리고 강력한 방법은 잘된 사람을 따라 하는 것이다. 하지만 따라해 보려고 해도 결국은 자기 스타일대로 되어 버리는 경우가 대부분이다. 그 이유는 생각을 하기 때문이다.
생각하면 안 된다. 따라 한다는 것은 0부터 100까지 전부 따라 하는 것이다. 말, 표정, 타이밍, 자세, 걷는 방법, 신고 있는 구두 브랜드까지 하나도 빼놓지 않고 그대로 다 따라 한다. 그중에서 '이건 받아들이지만, 이건 안 할래' 라는 판단은 개입하면 안 된다.

안타깝지만 당신에게는 '좋은 부분을 받아들이는' 판단 능력이 없기 때문이다. 무엇이 좋고 무엇이 나쁜지의 판단은 결국 원래 자신의 사고 안쪽에서 이루어진다. 그곳에서 하는 판단은 결국 다시 원래의 자신으로 되돌아가게 만든다.

그 정도로 자신의 사고나 의사결정을 무의식적으로 신뢰해 버리는 것이다. 따라서 자기변혁이 이루어지지 않는 사람일수록 '순수하지 못하다'.

'애석하게도 나에게는 오른쪽으로 빗나간 공을 왼쪽으로 살짝 조정해서 던질 수 있는 수정 능력은 없다'라고 인정해 버리자. 다시 말하지만, 할 수 없는 일을 포기하는 데는 용기가 필요하다.

하지만 일단 포기하고 완전하게 항복할 수 있다면 모든 것이 새롭게 보이기 시작한다.

지금까지 알고 있다고 생각한 것, 잘하고 있다고 생각한 것이 대부분 미지의 것이었다는 사실을 깨닫기 때문이다.

변화는 지금 이 순간부터

자기변혁의 세 번째 적은 '할 수 있는 것부터 조금씩 해 보자!'라는 생각이다. 내가 할 수 있는 것부터 조금씩 해 보자고 하는 시점에서 이미 자신의 판단이 개입하고 있다. 그렇게 해서는 결국 강력하게 끌어당기는 힘에 의해 되돌아가고 만다.

자신을 바꾸고 싶다면 판단을 개입시키지 말고 지금 당장 여기서 행동을 바꿔야 한다. 만약 자신의 판단이 개입한 경우에는 주저하지 말고 그 반대로 간다. 할 수 있는 것부터 조금씩이 아니라, 지금 여기서부터 본 것, 들은 것, 조언받은 것의 하나부터 열까지 전부 다 하는 것이다.

물론 그렇게 하려면 강한 스트레스가 발생한다. 지금까지 생각한 적도 없는 일, 해 본 적도 하려고 한 적도 없는 일들이 차례차례로 밀어닥친다. 하지만 그 일들에 대해 자신의 판단을 일절 개입시키지 않고 무조건 해 본다. 그 정도로 단호하게 행동으로 옮기지 않으면 강력하게 끌어당기는 힘을 뿌리치고 우주 공간으로 날아오르는 것은 불가능하다.

그렇게까지 했을 때 비로소 보이는 것이 있다.

바로 주변의 반응이다. 예를 들어 '인사를 할 때는 멈춰 서서, 상대방 쪽으로 몸을 돌리고, 눈을 보며 인사한다'라고 배웠다고 하자. 초등학생도 할 수 있다. 커뮤니케이션의 기본 중 기본이지만 어른이 되어서 이를 충실히 실행할 수 있는 사람은 드물다. 하지만 아무튼 철저하게 실천해 봤다고 하자.

그리고 2주 정도 지나면 주변의 반응이 극적으로 달라져 있다.

일단 내 쪽에서가 아니라 상대방 쪽에서 먼저 멈춰 서서 인사해 주는 사람이 나타나기 시작한다. 그리고 많은 사람이 당신이 인사할 때 같이 몸을 돌려서 인사해 주기 시작한다. '예의 바르게 인사합시다.'라고 말한 적은 없다. '멈춰 서서, 몸을 돌려서, 눈을 보고' 인사하는 것이다. 표면적인 콘셉트가 아닌 행동 그 자체를 따라 했을 때 효과를 발휘하기 시작한다.

물론 실행에 옮기는 데는 상당한 스트레스가 뒤따른다. 왜냐하면 '안녕하세요', '감사합니다', '미안합니다', '수고하셨습니다'와 같은 모든 인사에 적용해야 하기 때문이다. 예외는 없다. 하기로 결정했다면 '할 수 있는 것부터'가 아니라, '하나부터 열까지 전부'여야 한다. 여기까지 해야 비로소 효과가 나타난다.

하지만 그 효과는 절대적이다. 상대방으로부터 되돌아오는 반응은 지금까지의 인생에서 경험한 적이 없는 것이기 때문이다. 모두 긍정적인 반응만 있다고는 할 수 없다. 예를 들어 인사가 지나치게 정중해서 너무 딱딱하고 불편하다는 사람도 있을 것이다.

그렇지만 적어도 과거의 580만 엔의 사고 안에서는 도저히 생각할 수 없었던 인생이 막을 올리려고 하고 있다.

하지만 이렇게까지 말을 해 줘도 실행하지 않는 사람이 대부분이다.

내가 자주 듣는 질문 중 하나가 "어떤 책을 읽으면 좋을까요?"다. 내 대답은 매번 100% 정해져 있어서 "데일 카네기의 『인간관계론』을 세 번 읽으면 인생이 바뀝니다."라고 답한다.

물론 그저 궁금해서 별생각 없이 물어 본 사람도 있겠지만, 내 대답을 듣고 실제로 책을 사는 사람이 20% 정도, 다음번 만났을 때 "책 읽었어요!"라고 하는 사람이 3% 정도다. 나를 만나기 전에 이미 『인간관계론』을 읽어 본 사람도 물론 많다.

이 책 내용 중에 '이름을 기억한다'라는 파트가 있다. 사람을 이름으로 부를 때의 효과에 대해 매우 상세히, 사례도 곁들여 나름의 분량으로 다루고 있다. 하지만 "책 읽었어요!"라고 말한 사람 중에 나를 이름으로 부른 사람은 없다. 같은 책에 '칭찬으로 시작한다'라는 파트도 있는데, 나와 대화를 하면서 '칭찬으로 시작한' 사람도 없다.

책을 읽고 무언가 배움이 있어도 행동으로 옮기지 않으면 책을 읽기 전과 바뀌는 것은 하나도 없다. 조금 심하게 말하면, 그저 책을 읽은 시간만큼 인생에서 소비했을 뿐이다. 그 시간에 부모님이나 사랑하는 사람에게 감사의 말을 전하거나 함께 시간을 보내는 편이 훨씬 가치 있었을 것이다.

행동으로 옮기지 않으면 안 된다. 책에서 읽은 내용, 존경하는 선배에게 들은 이야기에 감명받았다면 바로 다음 순간부터 행동으로 옮긴다. '그렇구나. 칭찬으로 시작하는 게 중요하구나' 하고 감탄하고 있을 때가 아니라, 다음번에 누군가를 만났을 때 꼭 칭찬해 본다. 처음에는 꽤 스트레스를 받을 수 있다. 해 본 적 없는 일이기 때문이다. 하지만 하기로 결심했다면 무조건 한다.

'좀 쑥스러우니까, 일단은 가족한테부터 해 볼까?'
'아니야, 이제 와서 가족을 칭찬하는 것도 좀 부자연스러우니까, 역시 회사 동료에게 해 볼까?'
'이번엔 타이밍 놓쳤으니까, 다음에 만났을 때 할까?'

이러는 동안에 기억이나 의식 속에서 점점 희미해지고, 결국은 완전히 사라진다.

누군가 데일 카네기의 『인간관계론』 이야기를 꺼냈을 때, "맞아,

사람을 일단 칭찬하라고 쓰여 있었지. 나도 알아, 그 내용." 하고 말하며, 실천하고 있지는 않아도 알고는 있다는 사실을 내세우면서 느끼는 만족감 정도의 효과밖에 얻을 수 없다.

'할 수 있는 것부터 조금씩'이면 안 된다. 하고자 결심했다면 '지금 이 순간부터, 하나부터 열까지', 전부 한다.

혼나는 대신, '판단'되는 두려움

지금까지의 나에게 이별을 고하고, 580만 엔의 저항 세력의 반대로 행동하고, 즉시 실행에 옮기기를 지속하려면 다시 한번 말하지만 매우 강한 스트레스가 뒤따른다.

이 스트레스가 너무 심해서 자기변혁의 초기에 꺾여 버리는 경우도 많다. 앞서 이야기했듯이 뇌는 무의식적으로 스트레스를 피하려는 경향이 있다. 따라서 스트레스를 받지 않는 쪽으로 방향을 선회하고 그것을 습관화한다. 어느 정도 나이가 들면 지금까지 습관으로 쌓여 온 역사의 길이만큼 새로운 습관을 들이거나 새로운 스트레스를 받아들이기가 매우 어려워진다.

그래서 젊었을 때 적극적으로 스트레스를 자신의 인생으로 끌어들일 필요가 있다. '젊음'이라는 것은 두 가지 의미로 스트레스에 맞설 수 있다.

첫 번째는 실수했을 때 혼날 수 있다는 점이다. 젊었을 때는 무언가 실수를 했을 때 제대로 혼날 수 있다.

혼낸다는 것은 기대하고 있다는 표현이기도 하고, 그 사람에게 또다시 기회를 줄 의사가 있기 때문에 혼을 내기도 하는 것이다. 그러다가 어느 정도 나이가 들어서는 실수를 해도 혼나는 일이 거의 없다. 그 대신에 기다리고 있는 것은 '판단'이다.

일을 의뢰한 쪽에서 보면, '아, 이 사람에게 일을 맡기면 이 정도 퀄리티 밖에 나오지 않는구나. 다음번부터 이 사람에게 일을 맡기지 말아야지.' 하고, 당사자에게는 전혀 피드백도 없이 멋대로 판단을 내린다.

사실 이것이 가장 무서운 것이다. 하지만 정작 당사자는 아무것도 듣지 못했기 때문에 눈치도 못 챈다. 젊었을 때는 어느 정도 피드백을 받거나 혼나는 과정을 통해 상황을 인지할 수 있고, 기회도 다시 주어진다.

물론 혼이 나면 스트레스를 받는다. 하지만 혼나는 것이나 다른 사람에게 자신의 불완전함을 지적받는 것이 두려워 계속 도망치게 되면, 그 상태 그대로 나이를 먹고 정신을 차려 보면 '판단'되는 그룹에 속해 있는 나를 발견하게 된다.

'회사는 나에게 기회를 안 줘!'

'나는 정당하게 평가받지 못하고 있어!'

이렇게 아무리 외쳐 봐도, 충분한 기회가 주어졌지만 스트레스를 피해 도망만 다니다 성장의 기회를 줄곧 놓쳐버린 것은 자기 자신이다. 이는 과거의 자신으로부터 도착한 패배의 유산이다.

'젊음'을 정의하는 기준은 각자의 판단이지만, 인생에서 스트레스를 충분히 받아들일 각오가 되어 있다면 부디 적극적으로 도전하고, 혼나는 것을 두려워 말고 성장하기 바란다.

또 한 가지, 젊다는 것은 물리적으로 체력이 있다는 것.

스트레스를 견디려면 정신적인 의미에서뿐만 아니라 실제로 체력이 있는 편이 좋다. 나이 들기 전에 마음먹고 스트레스 내성을 단련한 사람은 스트레스에 대한 허용량이 아주 크기 때문에 체력이 떨어져도 스트레스를 받아들일 수 있다.

하지만 나이가 들어 체력이 약해지면 자연스럽게 스트레스받는 일을 선택하지 않게 된다.

기력에 앞서 체력 문제로 감당하기 힘들어진다. 젊었을 때는 '술 한잔하고 푹 자면 금방 잊을 수 있어!' 했지만, 술도 점점 약해지고 수면의 질도 젊었을 때에 비해 떨어진다. 젊었을 때 할 수 있었던 일도 확실히 나이가 들면 못 하게 된다.

이렇듯 스트레스를 받아들이는 일은 체력이 있는 젊은 시절밖에 할 수 없다. 나중이 되면 체력 문제로 주저하게 된다. 워크 앤드 라이프 밸런스 즉 워라밸 같은 이야기를 할 여유는 없다.

젊었을 때 받아들일 수 있는 만큼의 스트레스를 받아들인 사람만이 진정한 의미의 워라밸을 누릴 수 있다.

Action!

♣ 내가 지금까지 해 온 의사결정이 형편없었다는 사실을 인정한다.

♣ 새로운 무언가를 시작할 때, '그래도'라는 말을 사용하지 않는다.

♣ '그래도'가 머릿속에 떠올랐다면 즉시 다른 말로 밀어낸다.

♣ '하기 싫다'라는 생각이 들면 반대로 한다. 그것이 종전의 사고의 바깥쪽으로 연결된다.

♣ 누군가를 따라 할 때는 그 사람의 전부를 따라 한다. '좋은 부분만을 취하는 것'은 금물이다.

♣ 하기로 했다면 '할 수 있는 것부터'가 아니라 '처음부터 끝까지' 전부 한다.

제3장

구체적으로 한다

성과, 즉 일의 아웃풋을 중심으로 생각해야 한다.
기능, 지식 등 일에 대한 인풋에서 시작하면 안 된다.
그것들(기능, 정보, 지식)은 도구에 지나지 않는다.
– 피터 드러커(Peter Drucker)

'의욕과 노력'만 있는 사람에게
일을 맡길 사람은 없다

'무엇을 해야 좋을지 모르겠다. 다만, 어쨌든 체력과 의욕은 있다.'

프로야구 선수 생활을 마무리하고 은퇴한 직후의 나는 이런 상태였다. 작년까지 현역 선수로 뛰었던 만큼 체력은 남아돌았다. 야구 이외의 미지의 세계에 뛰어든다는 기대와 불안이 뒤섞여 있었고, 텐션도 왠지 올라가 있었다. 일을 아직 시작하지 않아서 사회가 얼마나 엄격한지에 대해서는 말할 것도 없고, 돈을 어떻게 벌어야 하는지도 전혀 몰랐다. 사람들을 만날 때마다 "자네는 뭘 할 수 있지? 하고 싶은 건 뭔가?"라는 말을 들었고, 내 대답은 늘 같았다.

"뭐든지 하겠습니다! 의욕만큼은 넘칩니다! 정말 열심히 하겠습니다!"

알다시피 이렇게 대답하는 젊은이에게 뭔가 일을 맡기려고 하는 사람은 거의 없다. 무엇을 하면 좋을지는 모르지만 의욕만 앞서는 놈이 가장 위험하다.

하지만 당시의 나는 그런 사실은 전혀 알지 못한 채 그저 여기저기 의욕만을 뿌려 대고 다니는 나날을 보내고 있었다. 그러던 어느 날 고향에서 부모님이 올라오셨는데, 아이다 미츠오(相田みつを, 일본의 선불교 사상을 가진 서예가이자 시인—옮긴이) 미술관에 가고 싶어 하셔서 함께 가게 되었다. 그곳에서 나는 아이다 미츠오가 남긴 수많은 말 중에서 특히나 마음에 와닿는 말을 발견했다.

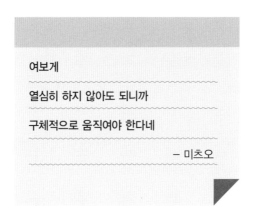

여보게
열심히 하지 않아도 되니까
구체적으로 움직여야 한다네
— 미츠오

구체적으로 움직인다. 나는 잠깐 멈춰 서서 생각했다.

'어떻게 하면 구체적으로 움직일 수 있을까?'

그 힌트는 이미 내 안에 있었다.

1.78초 안에 실행하는 구체적인 방법

고등학교 시절, 나는 프로야구 선수가 되려면 어떻게 해야 할지 진지하게 궁리했다. 당시 나는 포수였다. 포수라고 하면 전문적인 기술이 요구되는 포지션으로, 심지어 고졸로 바로 프로야구 선수가 되기는 매우 어렵다. 사실 동급생 포수 중에 고졸 신인으로 프로에 들어간 선수는 나를 포함해 4명 밖에 없었다.

그렇지만 나는 프로에 들어가기 위한 방법을 모색했다. 프로야구 선수로 입단하려면 드래프트에서 지명을 받아야 한다. 어떤 선수를 지명할지는 최종적으로는 감독, 그리고 구단을 운영하는 사람들로 구성된 프런트가 결정하지만, 그 전에 드래프트 후보를 전국에서 찾아내는 '스카우트'라 불리는 사람이 있다. 누구를 프로야구 선수로 만들지 결정하는 것은 당연히 '사람'이지만, 그 전에 스카우트다. 무슨 말이냐면, 그들 스카우트는 어떠한 평가의 척도를 가지고 있다는 뜻이다.

프로야구 선수가 될 수 있을지 없을지의 문제를 푸는 열쇠는 스카우트에게 무엇을 보여 주는지에 달렸다. 당시의 나는 그렇게 생각했다. 포수로서 프로야구 선수가 되는 데 필요한 요소는 무엇보다도 강한 어깨다. 인사이드 워크Inside work라 불리는, 상황에 따른 효율적인 플레이와 볼 배합, 투수를 리드하는 힘 등은 프로에 들어가서도 얼마든지 익힐 수 있지만, 프로에 들어간 이후에 어깨가 강해지는 경우는 드물다. 따라서 스카우트가 포수를 볼 때는 그 능력이 무엇보다 중요한 척도가 된다. 포수에게 있어 강한 어깨는 도루저지의 힘이다. 즉 주자가 도루했을 때 얼마나 빠르게 2루 베이스(이하 2루)에 송구할 수 있는지 하는 능력이다.

1루에서 2루까지의 거리는 27.431미터. 주자는 대개 리드를 하고 있어서 실제로 달리는 거리는 약 24미터 정도가 될 것이다. 발이 매우 빠른 주자라면 이 거리를 3.3~3.4초 정도에 이동할 수 있다. 투수가 투구 동작에 들어가고 나서 3.3초 후에는 2루에 도착한다. 포수가 이 타이밍보다도 빨리 2루로 송구하면 주자는 아웃된다. 프로야구 투수는 투구 동작에 들어간 후 공이 포수에게 도착할 때까지의 타이밍을 1.25초 이내로 하는 것을 목표로 한다. 그리고 포수가 포구한 후 2루로 송구할 때까지의 시간이 만약 2.0초라고 한다면, '1.25초+2.0초=3.25초'가 되기 때문에 아무리 발이 빠른 주자라도 대부분 아웃된다는 계산이다. (실제로는 태그 플레이가 되기 때문에 태그 동작이 늦으면 세이프가 되지만, 일단 그 경우는 제쳐두기로 하자.)

이렇게 포수 쪽에서 책임지는 시간을 보통 2루 팝 타임Pop time이라고 하는데, 이는 2.0초가 하나의 기준이 되어 있다. 그리고 2초에 끊으면 고교급, 1.9초에 끊으면 초고교급, 1.8초에 끊으면 프로급, 1.7초대 전반이면 초프로급으로 취급된다. 0.1초 사이에 주자는 약 70센티미터를 나아간다. 태그 플레이에서 70센티미터는 치명적인 거리다. 0.2초가 달라지면 1.4미터의 차가 된다. 2.0초와 1.8초 사이, 약 0.2초에는 고교급과 프로급의 크나큰 격차가 있다. 이렇게 프로에 들어가기 위한 지표는 사실 명확하게 수치로 잴 수 있다.

고등학교 2학년 겨울이었다. 당시 내 팝 타임은 평균 1.95초 근처였다. 고등학교 레벨에서는 대부분의 도루를 아웃시킬 수 있는 수준이다. 하지만 0.1초를 단축시킬 때마다 프로에 가까워진다고 생각한 나는 그 수치를 보다 세분화하기로 했다.

홈 베이스에서 2루 베이스까지의 거리는 약 39미터. 내가 만약 시속 130킬로미터로 공을 던질 수 있다면 공이 그 거리를 이동하는 데는 1.08초가 걸린다. 더 나아가 내가 만약 공을 잡고 0.6초 안에 공을 릴리스(투구)할 수 있다면 합해서 1.68초에 송구할 수 있게 된다. 계산상이기는 하지만 1.68초 안에 2루로 송구할 수 있다면 지구상 모든 인류를 아웃시킬 수 있는 셈이다. 어쨌든 나는 시속 130킬로미터로 공을 던지는 것, 0.6초 안에 공을 릴리스하는 것, 이 두

가지 연습에만 목을 매며 동계 훈련에 매진했다.

그러던 도중 작은 동작으로 시속 130킬로미터의 공을 던지는 것은 당시의 나에게는 불가능하다고 판단하여 포기하고, 0.6초 이내에 공을 릴리스하는 데만 집중했다. 한 구 한 구 던질 때마다 스톱워치로 시간을 쟀고, 얼마나 빠르게 스텝을 밟을지, 어떻게 공을 다시 쥐는 동작을 부드럽게 할지, 어쨌든 매일매일 0.6초를 목표로 훈련했다.

겨울이 지나 봄이 왔고, 무대는 춘계 지역 야구대회의 결승전. 1회, 상대 팀 주자가 도루를 시도했다. 겨울 내내 계속 훈련해 온 내 송구로 날아간 공은 주자가 2루 베이스에 도착하기도 훨씬 전에 2루수의 글러브로 빨려 들어갔다.

팝 타임은 1.78초. 스카우트를 내 눈앞으로 데려온 그 타임은 그대로 프로야구계로 가는 티켓이 되었다.

모든 것을 수치로 나눈다

'프로야구 선수가 되기 위해' 최선을 다해 연습하기란 불가능하다.

하지만 '0.6초 이내에 릴리스하기 위해' 최선을 다해 연습하는 것은 가능하다.

이렇게 최종적인 목표에 도달하는 과정을 분해하고 그것을 수치화하여 개선을 위해 전력을 다하는 것이 '구체적으로 움직인다'라는 것이다. 먼저 자신의 목표를 수치 또는 측정 가능한 지표로 만든다. 그리고 현재의 위치를 파악해서 명확한 수치로 나타낸다. 그렇게 하면 목표와 현 상태 사이의 갭이 수치로 드러난다.

예

목표 : 2루 팝 타임 1.68초

현 상태 : 1.95초

갭 : 0.27초

다음은 이 갭이 발생하는 요인을 찾아내기 위해 프로세스 전체를 수치화한다.

예

목표

1.68초의 세부 내용

→ 포구 후 릴리스까지 0.6초

→ 시속 130킬로미터로 공을 던지는 경우 1.08초

현 상태

1.97초의 세부 내용

→ 포구 후 릴리스까지 0.8초

→ 시속 120킬로미터로 공을 던지는 경우 1.17초

이런 식으로 분해하면 포구 후 릴리스까지의 시간을 앞으로 0.2초 단축시키고, 던지는 공의 속도를 시속 10킬로미터 끌어올리면 목표에 도달할 수 있다는 사실을 알게 된다. 이 과정을 통해 연습의 포인트는 두 가지로 압축된다. 앞서 이야기했듯이, 후자의 시속 130킬로미터로 공을 던지는 것은 중간에 포기했기 때문에 연습은 한 가지로 더욱 압축되었다.

목표에 도달하는 프로세스를 분해하고 그 내용을 수치화한 것을 비즈니스 용어로 KPI라고 한다. Key Performance Indicator의 약자로, 우리말로는 핵심 평가지표로 해석할 수 있다. 고등학교 2학년 당시의 나에게 있어 KPI는 ①포구 후 릴리스까지의 타임 0.6초와 ②공을 던지는 속도 시속 130킬로미터의 두 가지였다. 단, 이 KPI는 어디까지나 목표에 도달하는 프로세스를 분해해서 나온 수치이기 때문에 그 수치에 도달하기 위한 세부 과정에는 추가로 분해된 요소가 존재한다. 예를 들어 KPI ①의 0.6초 이내에 공을 릴리스하기 위한 과정을 다음과 같이 2가지로 분해할 수 있다.

①-1 공을 포구하고 나서 다시 쥐는 속도
①-2 던지기 위한 스텝을 밟는 속도

위의 ①-1을 또 분해하면 다음과 같다.

①-1-1 공을 포수 미트의 펠트로 포구하는 기술
①-1-2 공을 최대한 몸 가까이 당기면서 포구하는 기술

실제로 여기까지 분해하다 보면 그것은 수치가 아닌, 수치를 향상시키기 위한 행동의 비결 같은 것이 된다. 몇 번이고 이야기했듯이 행동이 결과를 만든다. 자신이 어떤 과제에 대해 행동으로 옮기고 있는지, 행동으로 옮긴 것이 어떤 결과로 나왔을 때 성과를 냈다고 말할 수 있는지를 명확히 하고 그 내용에 따라 움직인다. 이것이 '구체적으로 움직인다'라고 하는 것이다.

　최종 목표에 도달하는 프로세스를 명확히 해서 그것을 지표화한 것을 KPI라 하고, 그 KPI에 영향을 주는 행동을 비즈니스 용어로는 KSF(Key Success Factor), KDI(Key Do Indicator)라고 한다.

　여기서 말하고자 하는 것은 비즈니스 용어가 아니라, 목표를 향한 프로세스를 명확히 하고 실제로 어떠한 행동을 일으켰을 때 목표에 도달할 수 있을지 그 행동 레벨까지 파악하고 있는 것이 중요하다는 사실이다.

　'부자가 되고 싶다' 또는 '유명해지고 싶다'와 같은 막연한 목표에 대해 그저 열심히 노력하는 것만으로는 영원히 그 목표를 손에 넣을 수 없다.

　애초에 그것은 목표라 부르지 않는다. 실제로 어떤 상태가 되고 싶은지, 어디에 다다르고 싶은지를 명확히 하고 그것을 바탕으로 구체적으로 행동했을 때 비로소 성과를 향한 길이 열린다.

팔리는 구체적인 프로세스를 도출한다

부동산 및 생명보험을 파는 영업맨에게 있어 성과를 내기 위한 KPI는 매우 명확하다. 최종 목표는 '계약'이고, 그 목표에 도달하는 프로세스는 대략 다음과 같다.

① 리스트 수

상품을 소개하고 싶다고 연락할 수 있는 사람의 수

② 약속률

상품에 대해 프레젠테이션하고 싶다고 말했을 때 만나 줄 확률

③ 프레젠테이션 횟수

프레젠테이션을 통해 제안하는 횟수

④ 계약률

제안을 받아들여서 계약서에 사인하는 확률

⑤ 계약 건수

실제 계약으로 연결된 건수

실제로는 프레젠테이션에 이르기까지 조금 더 복잡한 과정을 거치는 경우도 있지만, 최대한 심플하게 하면 대체로 이런 흐름이다. 실제 성과가 나타나기 시작하고 '잘나가는 영업맨'이 되면 최종 목표는 계약이 아니라 '소개'가 되는 것과 같이 독자적인 KPI가 발생하기 시작하는데, 이 부분에 대해서는 일단 넘어가자.

영업맨으로서 '잘나간다'라는 것은 최종적인 계약에 이르기까지의 프로세스에서 어디에 문제가 있는지를 명확히 특정하는 것에서부터 시작한다.

월 10건의 계약을 목표로 한다면 그 전 단계가 되는 프레젠테이션 약속은 몇 건 필요할까. 만약 KPI ④의 계약률이 25%라면 40건의 약속이 필요하다. 40건의 약속을 얻어내는 데 필요한 리스트 수는 만약 KPI ②의 약속률이 25%라면, 160건이 된다.

이렇게 아주 단순한 수치라도 괜찮다. 우선은 수치를 바탕으로 프로세스를 디자인해 본다.

다음으로 현재 자신의 수치를 적어 보고, KPI의 어느 부분에서 목표와의 괴리가 나타나고 있는지를 체크한다. 매우 단순해 보이지만 오로지 그 수치를 늘리기 위한 행동에 집중하면 확실히 계약 건수는 늘어난다.

아무튼 대량으로 행동한다
- 수의 승부에서 이긴다

이쯤에서 수많은 '잘나가지 못하는' 영업맨은 확률에 주목한다.

위에서 말한 ②약속률과 ④계약률이다. 어떤 식으로 이야기하면 프레젠테이션을 들어보고 싶은 마음이 생길까 하고 전달 방법이나 화술을 갈고닦기 위한 연습에 힘쓴다.

이렇게 잠재적 고객을 향해 무엇을 어떤 식으로 말할까를 연습하는 행위를 이른바 롤플레이Role Play라고 한다. 이 롤플레이는 물론 매우 중요하다.

하지만 많은 잘나가는 영업맨들은 롤플레이를 통해 확률을 높이는 것이 아니라 '모수母数'에 주목한다.

'160건의 리스트가 최종적으로 10건의 계약으로 연결된다면, 1600건일 때는 100건이 되겠군.'

이런 식으로 어쨌든 모수의 공급으로 눈을 돌린다.

이렇게 하는 데는 이유가 있다. 생명보험 업계에서 전설적인 성과를 올린 영업맨이 말하기를, '확률을 높이는 가장 빠른 방법은 많은 수를 소화하는 것'이라고 한다.

그는 헌팅을 예로 들어 아주 알기 쉽게 설명해 주었다.

"헌팅에 있어서 성과란 얼마나 많은 여자에게 연락처를 받는가 하는 거야. 그렇게 생각했을 때 가장 중요한 건 일단 많은 여자에게 말을 거는 거지. 멈춰 서서 '뭐라고 말을 걸어야 하나' 생각하는 사이에 먼저 행동으로 옮기는 녀석에게 다 뺏겨. 여기저기 말을 걸고 다니다 보면 '아, 이 각도에서 말을 걸면 멈춰서 이야기를 들어 주는구나'라든지, '첫 마디는 이렇게 말하는 편이 잘 먹히는구나.' 하는 감각이 생기지. 그러다 보면 점점 능숙해져서 자연스럽게 확률도 올라가는 법이야."

그가 롤플레이를 하지 않는 것은 아니다. 오히려 누구보다 많은 롤플레이를 한다. 하지만 그가 롤플레이를 하는 시간대는 다른 영업맨과는 달랐다.

"하루 중 영업시간에 롤플레이를 하는 지점에서 벌써 잘나가기는 글렀어. 사람은 깨어 있는 시간에만 만날 수 있잖아. 사람들이 깨어 있는 시간에는 사람을 만나는 데 집중해야지. 롤플레이는 사람들이 자고 있을 때 하는 거야."

압도적인 수를 처리하면 확실히 성과는 나온다. 그리고 수를 처리하는 동안에 확률은 쭉쭉 올라간다. 결과적으로 수에 집중한 쪽이 훨씬 더 짧은 시간에 성과를 낼 수 있다.

그렇다고는 하지만 수를 처리하려고 하면 여러 가지 방해물과 맞닥뜨리게 된다.

그것은 ①시간 ②체력 ③'편하고 싶다'는 욕구다.

위의 KPI의 흐름에서 보면 가장 위 단계의 리스트 160건이 되는데, 이 리스트를 만들려고 해도 갑자기 지인이 100명씩이나 늘어날 수는 없다. 실제로는 상당한 양의 행동으로 옮기다 보면 조금씩 리스트(연락 가능한 사람의 수)가 늘어 간다.

이 정도로 행동에 옮기려면 현실적으로 상당한 체력이 필요하다. '대뜸 연락하면 싫어하지 않을까?', '강제적이라고 생각하지는 않을까?' 하는 정신적인 방해물을 뛰어넘을 수 있는 정신력이 요구된다. 그리고 만약 KPI ②의 약속률이 50%라면 위 단계의 리스트는 절반인 80건으로 충족된다. 그렇게 생각하면 시간, 체력, 정신력을 이용해 리스트 수를 늘리는 것보다 롤플레이를 반복해서 확률을 높이는 편이 효율적이지 않나 하는 마음이 들게 된다. 그리고 수의 승부에서 도망친다. 그것은 끝없는 '보통'의 굴레다.

그렇기에 이 수의 승부에 맞서는 사람만이 '보통이 아닌' 잘나가는 영업맨으로 성공할 수 있는 것이다.

잘나가는 영업맨을 유심히 관찰해 보면 최소한의 행동으로 최대의 성과를 내는 것처럼 보인다. 다른 말로 하면 '그렇게 편하게 하고도 성과가 막 나오는' 것처럼 보인다.

왜냐하면 그들은 이미 '잘나가는' 사람으로, 과거에 했던 대량의 행동을 통해 확률이 이미 최고 레벨까지 올라가 있기 때문이다. 어떤 식으로 행동했을 때 가장 빠르게 성과를 올릴 수 있는지를 경험 안에서 이미 체득하고 있다.

신참 영업맨이 잘나가는 영업맨을 보고 배우기 위해 그들의 행동을 관찰하고 자신의 것으로 만들려고 한다. 많은 영업맨들이 '이런 것쯤은 나도 쉽게 할 수 있을 것 같다'라고 생각한다. 하지만 이미 '잘나가는' 영업맨의 움직임은 신참 영업맨에게는 아무런 참고도 되지 않는다. 그들은 한참 전에 이미 대량 행동 시기를 지났기 때문이다.

신참 영업맨이 가장 참고해야 할 대상은 하루에 가장 먼 거리를 이동하고 있는 영업맨이다.

어떤 회사에서는 잘나가는 영업맨들의 공통점이 잘나가기 직전 단계에서 하루에 3만 보를 걸었는지 여부라고 한다.

잘나가게 되면 그 결과 움직임은 능숙해지고, 필요한 최소한의 움직임으로 압축되어 간다. 하지만 그전에는 반드시 대량 행동 시기가 있었고, 그때의 움직임이야말로 잘나가기 위해 꼭 필요한 단계라고 할 수 있다.

그들의 움직임을 보면 '잘나가기 전에 얼마만큼 행동에 나섰는지'를 알 수 있을 것이다.

AI로 보는 초대량 행동의 성과

수치를 명확히 하고, 과제를 수행하기 위해 대량으로 행동에 옮겼음에도 불구하고 성과로 연결되지 않는 경우도 물론 있다. 대부분의 원인은 스스로의 판단이 개입되었기 때문이다. 다른 말로 하면 '자기류自己流'로 해 버리기 때문이다. 이미 몇 번이나 말했듯이 '자기류'는 퍼포먼스가 낮았던 과거의 당신이 하던 방식이다. 그럼 자기류는 어떤 식으로 개입하게 되는 것일까.

어떻게든 해서 프레젠테이션까지 가게 되었다고 했을 때, 프레젠테이션은 매우 능숙하게 하는데도 계약까지 이어지지 않는 케이스가 있다. 잘나가는 영업맨과 비교해 봐도 실행하고 있는 내용 자체에는 전혀 손색이 없다. 그러나 자세히 들여다보면 약간의 차이를 발견할 수 있다. 예를 들어 셔츠 옷깃의 상태나 신고 있는 구두의 손질 상태 등이다. 그렇게 사소한 거로 무슨 영향을 미치냐고 생각할지 모르지만, 그런 사소한 부분이 성과를 크게 좌우한다.

'잘나가는 영업맨'의 외견이라는 것은 사실 통계로 대부분 정해져 있다.

- 머리는 짧고 옆부분을 짧게 침
- 남색 정장
- 흰색 셔츠
- 검은색 가죽 벨트
- 검은색 가죽 벨트에 흰색 페이스의 손목시계
- 검은색 가죽 구두

이상이 통계로 본 잘나가는 영업맨의 외견이라고 한다. 앞서 언급한 전설적인 영업맨 역시 항상 이 모습이다. 그에게도 자신이 선호하는 패션 스타일이 있지만 그렇게 입는 이유는 '이것이 통계적으로 가장 잘나가기 때문'이라는 것이다. 그는 이렇게 덧붙였다.

"내가 선호하는 패션 스타일 같은 건 아무 상관 없어. 이게 통계적으로 가장 잘나가는 모습이라고 한다면 그 외의 선택지는 없는 거야."

하루는 한 AI 연구자와 대화할 기회가 있었다. 그는 일본을 대표

하는 기업의 AI 연구 책임자를 맡고 있다. 그곳에서 보게 된 흥미로운 영상이 있다.

그 영상은 그네에 매단 인형 로봇에 AI를 탑재하고, 어떤 데이터도 입력하지 않은 상태에서 이 로봇이 타는 그네의 진자가 얼마나 커지는지, 또 그곳에 도착하는 데 시간이 얼마나 걸리는지 계측하는 실험이다. 처음에는 그저 로봇이 계속 발버둥 치고 있는 영상이 나왔다.

그러는 사이에도 로봇의 내부에서는 '어떤 식으로 움직였을 때 진자가 가장 커졌는가'에 대한 정보가 계속 축적되고 있다.

그저 발버둥 치기만 했던 로봇은 이어서 규칙적인 움직임을 반복하게 된다. 그리고 그네를 탈 때 중요한, 무릎의 움직임을 통해 추진력을 얻는 동작을 익혀서 진자가 뒤로 쏠렸을 때뿐만 아니라 앞으로 쏠렸을 때도 무릎으로 추진력을 얻을 수 있게 되었다.

진자는 점점 커졌고 결국에는 대회전이 시작되었다. 한번 돌기 시작한 로봇은 그 후에도 멈추지 않고 계속 돌았고 여기서 영상은 끝났다. 로봇이 영혼 없이 계속 대회전하고 있는 모습에 대한 충격은 영상이 끝난 후에도 강렬한 여운으로 계속 남아 있었다.

로봇은 판단하지 않는다. 자신이 한 행동을 통해 진자가 가장 크게 움직였다는 정보에만 주목해 다음 행동에서 바로 시도한다. 그리고 대량의 행동 중에서 늘 가장 잘 되었던 방법만을 남기고 그 행동을 계속 이어간다. 물론 최초의 움직임은 매우 서투르다. 그러나 눈 깜짝할 사이에 올바른 규칙의 움직임을 익히게 된다.

인간이 기계처럼 움직이기란 아마도 불가능하겠지만, '자기류의 판단'이 아니라 '무엇이 잘되는 방법인가'의 관점만을 근거로 얻은 정보를 바탕으로 행동에 옮기는 것은 성과로 향하는 머나먼 거리를 차근차근 더듬으며 가장 빠르게 가는 길이라고 할 수 있을 것이다.

"그래도 하기 싫거나 체면이 깎인다거나 부끄럽다거나 하는 정신적인 장벽 같은 건 없나요?"
하고 전설의 영업맨에게 물어봤다. 그의 대답은 매우 심플했다.

"있지. 그래도 능력 없는 게 제일 체면 깎여."

목표를 명확히 하고, 프로세스를 구체화하고, 자신의 판단이 적극 개입하지 않는 상태에서 행동에 옮긴다. 우선은 정밀도 보다는 행동의 양에 집중해서, 아무튼 대량으로 행동한다. 결코 '열심히 한다'라는 해결책으로 도망가면 안 된다. 많은 경우 열심히 하는 것이 선이라고 인식해 거기에 매달린다. 물론 열심히 하는 것은 중요하다. 그러나 사고가 거기서 멈추면 안 된다.

많은 사람이 구체적으로 사고하기를 포기하고 행동으로 옮기지도 않는다. 즉, 성과를 내고 싶다면 구체적으로 생각하고 행동으로 옮기기'만'해도 좋다. 단지 이것만으로 많은 이들과의 차이를 만들어 낼 수 있다. 성과를 내는 과정은 사실 매우 심플한 로직으로 이루어진다.

Action!

♣ 열심히 움직이는 것이 아니라, 구체적으로 움직인다.

♣ 목표를 향해 가는 프로세스를 세세하게 분해한다.

♣ 자신이 하는 행동이 결과의 어떤 부분으로 이어지는지를 명확히 한다.

♣ 효율을 높이기 전에 행동의 양을 늘린다. 많은 양을 소화할수록 확률은 올라간다.

♣ 자기류로 판단하지 않는다. 좋은 결과를 냈던 행동에 한해 다음 할 행동을 판단한다.

제4장

가치의 본질을 깨닫는다

중요한 것은 계속해서 의문을 갖는 것이다.
신성한 호기심을 절대 잃지 말라.
– 아인슈타인(Albert Einstein)

'꿈, 작네요'

"왜 야구를 그만뒀다고 했죠?"
"아, 그게, 잘린 거예요. 그만둔 게 아니라."

야구를 그만두고 2년쯤 지났을 때, 나는 한 경영자에게 조언을 구하기 위해 그를 점심 식사에 초대했다. 상장 기업의 창업자로, 젊은 나이에 부를 일군 인물이다. 바쁜 일정 사이에 짬을 낸 그는 급하게 식사하면서 나에게 몇 가지 질문을 반복했다.

"그래도 계속할 수 있는 길도 있지 않았어요? 그러니까 그만둔 건 결국 본인 의사잖아요. 왜 계속하지 않았어요?"
"음, 저의 재능을 생각했을 때, 만약 엄청 잘하게 되는 기적이 일어난다고 해도 야구로 벌 수 있는 돈은 최대 연봉 3000만 엔 정도라고 생각해요. 그것도 몸을 생각하면 뛸 수 있는 건 서른셋 정도까지겠죠. 아마도 그게 제 야구 선수로서의 한계치예요. 그만뒀을 때가 스물넷이었어요. 서른셋이 되면 3000만 엔의 연봉이 0이 되는 거니까, 지금 그만두면 서른셋에 3000만 엔은 벌 수 있을 거라 생각했어요. 그래서 저는 계속하지 않았어요."

급하게 식사를 하던 그의 손이 멈췄다. 그리고 테이블을 향해 있던 그의 시선이 천천히 내 쪽으로 옮겨왔다. 그 시선은 내 눈과 마주치기 직전 멈춰 서더니 조금 실망한 듯이 중얼거렸다.

"서른셋에 3000만 엔이요……."

나는 초조했다. 비즈니스로 성공을 거두고 있는 경영자 앞에서 좀 더 있어 보이게 말해야지 하고 기고만장했던 건 아닌가 싶었다.

사회에 대해 아무것도 모르는 애송이가 3000만 엔이라는 허풍을 떠는 바람에 찬물을 끼얹은 것인지도 모른다고 생각했다.

마음이 불편해진 나는 그의 다음 한 마디가 나올 때까지의 시간이 영원처럼 길게 느껴졌다. 먼 곳을 보던 그의 눈이 나에게로 향했다. 내 눈을 똑바로 바라본 채 입을 열었다.

"꿈, 작네요."

그의 영혼 없는 목소리가 머릿속에 울려 퍼졌다. 무슨 말을 들었는지도 모른 채 나는 순간 말을 잃었다. '3000만 엔을 벌겠다'라는 말은 나로서는 꽤 무리해서 한 큰소리였다. 하지만 그는 그 큰소리를 '작다'라고 말하고 있다. 놀라서 기가 막혀 있는 나를 아랑곳하지 않고 그의 말은 이어졌다.

"저기, 이미 열여덟 살 때 계약금 3000만 엔 정도 받지 않았어요?"
"아, 그건 계약금이에요. 연봉은 460만 엔이었습니다."
"아니, 그건 상관없어요. 3000만 엔에 연봉을 합치면 열여덟에 분명 3460만 엔 번 거잖아요. 왜 서른셋에 열여덟 살 때의 수입으로 돌아가려고 하는 건가요?"

나는 하고 싶은 말이 많았지만, 돈 얘기로 넘어간 순간 몇 배로 커진 그의 기세에 눌려 아무 말도 나오지 않았다.

"지금 스물여섯이라고 했죠? 3000만 엔 정도는 앞으로 3년 안에 클리어하지 않으면 말이 안 돼요. 서른셋에는 3억 엔이라고 해야죠. 적어도 동기 선수들은 그 정도 벌지 않나요? 왜 그걸 목표로 하지 않는 거죠?"

뭐라고 대답해야 할지 떠오르지 않았다. 하고 싶은 말도 없었다.

머릿속은 혼돈 상태로, '꿈, 작네요'라는 말만 이상하게 커다랗게 증폭되어 있었다. 그런 나를 보고 그의 시선은 다시 테이블로 돌아갔다. 급하게 식사를 하던 손의 움직임은 아까보다 더 빨라진 것 같았다.

3000만 엔을 번다는 것은
구체적으로 어떤 것일까?

연봉 3000만 엔이란 무엇인가. 입에서 나오는 대로 그냥 아무렇게나 해 본 말이지만, 그 금액을 진지하게 생각해 본 적은 없었다. 3000만 엔이라는 수입은 시급 1만 엔을 받는 사람이 하루 10시간씩 월 25일 일하고, 그렇게 12개월간 지속했을 때 벌 수 있는 금액이다.

이렇게 숫자로 했을 때 현실에서 영 동떨어져 있는 것이 먼저 '시급 1만 엔'이다. 당연하지만 시급 1만 엔이란 시급 1000엔의 10배다.

'시급 1000엔인 사람의 10배로 일하면, 시급 1만 엔이 되나?'
'애초에 같은 시간 동안 10배로 일한다는 건 어떤 거지?'
'혼자 10명분의 일? 그렇게 10시간이나 할 수 있는 체력이 되나?'
'아니, 정말 10배라니 뭐지?'

머릿속에서 '시급 1만 엔'이 빙빙 돈다. 대체 무엇이 10배가 되면 시급 1만 엔이 실현되는 걸까.

프로야구 선수 시절, 비시즌에 토크쇼나 야구 교실 같은 이벤트에 참석한 적이 있다. 어느 유명 선수의 토크쇼에 덤으로 출연했을 때, 1시간짜리 토크쇼의 출연료는 10만 엔이었다. 물론 그 금액은 유명 선수의 토크쇼였기 때문에 발생한 수입으로, 나는 어디까지나 덤으로 출연했을 뿐이다.

그걸 시급 10만 엔이었다고 말해도 되는 걸까. 그 시간에 나는 정말로 시급이 1000엔인 사람의 100배로 일한 걸까. 이런 생각을 하다 보니 보수라는 것은 시간이나 노동에 대한 지불이 아니라, 그 사람이 가진 가치에 대한 지불이라는 사실을 깨달았다. (위에 언급한 토크쇼에서 내가 번 10만 엔은 유명 선수가 지닌 막대한 가치에 대한 콩고물이라는 사실은 말할 필요도 없다.)

그렇다면 가치란 무엇인가.

이 말은 평소 아무렇지도 않게 쓰이고 있고, 글자도 읽을 수 있는 데다가, 그 의미도 문맥 안에서라면 어렴풋이 이미지를 떠올릴 수 있다. 다만 그 본질에 대해서는 생각해 본 적이 없었다. 가치는 무엇인가. 제대로 마주하고 생각해 보기에 충분한 테마라고 느꼈다.

돈이란 무엇인가

우리 인류는 생존 전략으로서 사회성을 배우고, 무리 지어 살면서 종족을 번식했고, 지구상에서는 더는 천적이 없을 정도의 세력이 되었다.

태고에 돈이라는 것이 아직 개발되기 전, 사람들은 물건과 물건을 교환하는 방식을 통해 생명 활동을 이어 왔다. 예를 들어 산에서 채집한 나무 열매 100개와 바다에서 잡은 물고기 1마리를 교환하는 식이다. 물건과 물건을 교환하려고 생각할 때 사람들은 교섭을 한다. 나무 열매 100개와 물고기 1마리가 교환하기에 적합한지, 어느 쪽이 이득 또는 손해를 보지 않도록 신중하게 그 선을 조절하여 '등가 교환'을 지향한다.

"이 물고기는 무척 힘들게 잡은 물고기야. 나무 열매 따위와 교환할 수 없어."

"아니, 이 나무 열매는 가파른 절벽에 있는 나무에서 딴 희귀한 종으로 맛이 아주 좋아. 충분히 교환할 가치가 있어."

"아니, 이 물고기는 지금이 '제철'이야. 그러니 역시 나무 열매 100개와는 교환할 수 없어."

이와 같은 대화가 오갔는지 어쨌는지는 확실치 않지만, 서로의 주장을 반복하다 보면 결론이 나오고 최종적으로는 교환이 이루어진다. 물건과 물건이라면 형태가 보이는 만큼 등가 교환을 납득하기 쉽다. 하지만 물건과 서비스가 되었을 때는 등가 교환의 난이도가 올라간다. 예를 들어 구두를 고치는 장인의 서비스와 사과를 등가 교환하려면 어떻게 하면 좋을까.

"우리 밭에서 딴 사과 6개 줄 테니까, 구두를 고쳐 줘."

"아니, 나 사과 안 좋아하니까 몇 개를 줘도 안 해."

"아니, 우리 사과 6개로 귤 20개랑 교환할 수 있으니까, 일단 사과를 받고 나서 귤 20개랑 교환하면 돼."

"아니, 내 구두 수선 솜씨는 이 동네에서 제일가는 기술이니까, 귤 20개 정도로는 안 돼."

이처럼 서비스는 구체적으로 눈에 보이지 않는 만큼 무엇을 가지고 교환하면 좋을지 알기 어렵다. 이러한 복잡한 가치의 교환을 매끄럽게 하기 위해서 개발된 것이 화폐다.

사과 1개를 일단 화폐와 교환해 두면 교환한 화폐는 다른 무언가와 교환할 수 있다. 사과를 싫어하는 사람이라도 화폐라면 교환해 준다.

이것이 화폐가 가진 교환 기능이다.

그리고 사과는 일정 기간이 지나면 썩어버리지만 화폐는 썩지 않는다. 이는 가치 보존의 기능이다.

마지막으로 가치 척도의 기능이 있다.

이는 기준을 만들어서 물건의 가치가 일단 화폐로 대체되는 기능이다.

사과 1개의 가치는 눈에 보이기 때문에 먹는 행위를 통해 리얼하게 실감할 수 있다. 하지만 그것이 화폐로 대체되었을 때 화폐는 보이지만 먹을 수는 없다. 화폐 그 자체에는 가치가 없지만 교환했을 때 비로소 역할을 다한다. 엔화 1만 엔 지폐를 제조할 때 드는 원가는 약 20엔이라고 한다. 그 종이 한 장은 20엔으로 만들 수 있다. 하지만 교환할 때가 되면 1만 엔이라는 가치가 된다.

그 종이 한 장에 '1만 엔의 가치가 있다'라고 믿고 있는 사람들 사이에서 교환되기 때문이다. 원숭이에게는 1만 엔짜리 지폐가 보이기는 하지만 그 너머에 기대되는 1만 엔 만큼의 가치는 보이지 않는다. 그 종잇조각보다도 바나나가 훨씬 가치 있을 것이다.

예전에 베트남을 방문했을 때 공항에 가려고 택시를 탔다. 비행기 탑승 시간이 아슬아슬해서 초조해하고 있었던 데다가, 심지어 현지 화폐인 베트남 동도 가지고 있지 않았다. 신용카드도 사용할 수 없었고 가지고 있던 것은 일본 엔화 1만 엔 지폐뿐이었다. 택시 요금은 일본 엔으로 1000엔 정도 나왔는데, 요금을 내려면 이 1만 엔 지폐에는 약 163만 베트남 동의 가치가 있다는 사실을 상대방이 믿게 하는 수밖에 없었다. 그리고 약 150만 동 정도 되는 거스름돈을 받고 싶었다. 이윽고 탑승 시간이 임박해 왔다.

나는 거스름돈 받기를 포기하고 "This is Japanese money!!"라고 말하고 휴대전화의 계산기에 1,630,000이라고 쳐서 택시 기사에게 보여 주었다. 그는 밝은 얼굴로 1만 엔 지폐를 받더니, 웬일로 거스름돈까지 돌려주었다. 그 순간 택시 기사는 나와 내가 건네준 그 종잇조각의 가치를 신용한 것이다. 지폐는 신용으로 성립된다. 정말 잘 만들어진 시스템이고 대단한 발명이라고 생각한다.

왜 산 정상에서는
물이 3배의 가격으로 팔릴까

생수 한 병은 통상적으로 1000원 정도면 살 수 있다. 하지만 산 정상에 도착하면 3000원 정도에 팔리고 있다. 내용물에 3배의 변화가 일어난 것은 아니다. 파는 장소가 바뀐 것뿐이다. 그것만으로 가격은 3배로 뛰어오른다. 가격이란 어떤 환경의 영향을 받아 변동하고, 무엇에 의해 결정되는 것일까.

우리가 가격을 일절 묻지 않고 어찌어찌 서비스를 다 받고 나서 가장 마지막에 가격을 알게 되는 서비스가 있다. 그리고 금액이 얼마가 나오든 대부분 확실히 지불한다. 또 그 서비스는 거의 모든 사람이 받은 적 있는 서비스다.

정답은 바로 병원이다. 물론 어느 정도 가격을 알고 진료를 받는 경우도 있겠지만, 긴급도가 매우 높을 때 가격을 확인하는 사람은 없을 것이다.

예를 들어 갑자기 배가 아파서 병원에 가게 되었다고 하자. 진찰 결과 당장 수술을 하지 않으면 내일은 이 세상 사람이 아닐 거라는 말을 의사에게서 듣는다. 이 경우 뭐라고 말할까.

"그거 돈이 얼마나 드나요? 다른 병원이랑 견적 비교해 보고 가장 싼 곳에서 수술할 거니까 가격 알려 주세요."라고 말하는 사람은 없다. 구급차에 실려 병원에 도착했을 때 의사와 간호사가 "지금 당장 긴급 수술에 들어가겠습니다! 수술 비용은 2000만 원인데, 어떻게 하시겠습니까? 다른 병원이랑 견적 비교하시겠습니까?" 하고 묻는 일도 없다.

긴급도가 높은 수술의 경우 그 대답은 대부분 "일단 해 줘!"다. 수술이 무사히 끝나고 한목숨을 건진다. 이후에 청구서가 도착한다. 그 금액에 놀랄 수도 있다. 하지만 돈을 낼 능력이 없을 수는 있어도, 돈을 내지 않겠다고 하는 사람은 아마 없을 것이다. 그 돈은 목숨을 구해준 대가이기 때문이다.

이 점에서 나는 가격이란 '문제 해결의 양'이 아닐까 생각하게 되었다.

가격은 수요와 공급에 따라 결정된다는 정설을 사실 나는 계속 받아들이기가 힘들었다.

하지만 문제 해결의 양이라고 표현하고 나서부터는 내 안에서 정리가 되기 시작했다.

산 정상까지 물을 옮기는 과정에서 들어간 운반 비용과 노력이 가격에 반영된 것은 틀림없지만, 산 정상에서 물을 사는 사람이 없다면 3배의 가격은 성립하지 않는다. 분명 산 정상에서 물을 마시고 싶어 하는 사람(수요)과 물을 제공하기 위해 들어간 노력(공급)에 의해 가격이 결정된 것이라고는 해도, 산 정상에서 마시는 물이 해결하는 문제의 양이 평상시의 3배가 된다고 하는 쪽이 나에게는 더 납득이 된다.

긴급 수술로 청구된 금액이 아무리 높다고 해도 그것은 생명을 구해준 값이다. 높은 것이 당연하다. 문제 해결의 양으로 보면, 산 정상에서 마시는 물이 해결하는 양과는 비교도 할 수 없다.

예전에 도쿄에서 신칸센을 타고 교토로 여행을 갔을 때, 폭우의 영향으로 신칸센 열차가 하마마쓰역 근처에서 멈춘 채 오도 가도 못한 적이 있다.

차내 안내방송에 따르면 운행이 언제 재개될지 미정이었다. 10분, 20분, 시간이 지남에 따라 차내 분위기가 어수선해지기 시작했다. 승객들이 흥분하고 있음을 분명히 느낄 수 있었다. 그때 함께 여행하던 친구가 재미있는 제안을 했다.

"지금 차내 판매 왜건을 통째로 사 버릴까? 앞으로 30분 후면 다들 물이나 맥주를 원하게 될 거야. 1시간 더 있으면 도시락도 먹고 싶어지겠지. 그때가 되면 독점 효과가 나타나기 시작해. 2배의 가격으로 팔면 투자금의 2배가 되지."

나는 친구의 상인 정신에 감동했다. 뭔가 문제가 생겼을 때야말로 거래할 기회다. 그는 늘 그런 생각을 하고 있는 듯했다.

"그렇지만 독점하고 나서 금방 열차가 움직이기 시작하면 큰 손해잖아. 그러니까 리스크까지 구매할지 말지의 문제네."

파는 물건이 같아도 상황이 바뀌면 가격은 변한다. 그것은 파는 것이 해결하는 문제의 양이 상황에 따라 바뀌기 때문이다. '돈에 강한 사람'의 머릿속 빈틈을 들여다본 것 같아서 나에게는 아주 큰 배움이 되었다.

가격은 어디에 매겨질까?

　혼자서는 살 수 없는 이 무리의 사회에서 우리는 가치를 교환하는 일로 인간으로서 생업을 이어오고 있다. 가치는 일단 화폐로 대체되기 때문에 화폐 교환을 통해 등가 교환이 매끄럽게 이루어진다. 이때 가치의 척도가 되는 가격은 문제를 해결하는 양에 따라 결정된다.

　물은 목마름을 해결해 준다. 수술은 생명을 구한다. 가방은 한꺼번에 많은 물건을 옮기는 문제를 해결하는데, 이른바 명품 가방의 경우 여기에 더해 인정욕구 충족이라는 문제 해결도 담당한다. 물건을 옮긴다는 본래의 기능만을 생각하면 다른 가방이라도 같은 일을 할 수 있지만, 명품 가방이 아니면 안 되는 이유는 그 안에 인간의 다양한 감정이 소용돌이치고 있기 때문이 아닐까.

　문제 해결이라는 것은 실로 다양한 상황에서 발생하고 있어서 그때마다 가치가 발생하고 그 대체물인 화폐가 움직인다. 즉 돈을 벌고 많은 돈을 불러들이려면 그만큼 많은 문제를 해결하고 가치를 발생시키면 되는 것이다.

3000만 엔을 번다는 것은 3000만 엔어치의 문제를 해결한 결과다. 노동한 시간에 대한 대가가 아니라 문제 해결의 양이다.

예를 들어 하루의 노동이라도 그것이 3000만 엔어치의 문제를 해결했다면 그것으로 3000만 엔의 보수를 받는 것도 가능해진다.

하지만 우리는 모두가 그러한 특수한 기능을 가진 사람이 아니다. 의사라면 '생명을 구한다'라는 문제 해결의 실행자가 될 수 있지만, 모두가 의사는 아니다. 만약 수술을 통해 생명을 구할 기회가 많다고 해도 그 문제는 한정된 사람만이 해결할 수 있다.

그렇다면 가치를 발생시키는 문제 해결이란 무엇일까?

문제 해결은 대부분의 경우 '해결책' 쪽에 가치가 있다고 생각하는 것이 일반적이다. 우리가 성장하는 과정, 주로 학창 시절에도 얼마나 맞는 답을 내는지, 매력적이고 창의적인 답을 내는지가 평가의 대상이 되었다. 사회에 나와서도 해결책을 제시할 수 있는 사람, 실제로 해결할 수 있는 사람에게 많은 보수가 지불된다는 인식이 있다. 그것은 한편으로는 정답이기도 하지만, 사실 가격을 결정하는 것은 그 부분이 아니다.

가격은 해결책이 아니라 문제의 크기에 비례한다.

물을 하나 고를 때도 물이 해결하는 것은 목마름이라고 하는 문제다. 물이라는 해결책은 바뀌지 않지만 목마름이라는 문제가 커질수록 가격은 상승한다.

같은 물이라도 사막 한가운데로 가면 가격은 뛰어오를 것이다. 수술이라는 해결책도 그것만으로는 가격이 매겨지지 않는다. 건강한 사람에게 수술을 판다면 틀림없이 가격은 매겨지지 않고 팔릴 리도 없다. 몸에 심각한 문제가 발생했을 때 그 문제의 크기에 따라서 가격이 결정된다.

문제 해결은 해결책이 아니라 문제 쪽에 가치가 매겨진다.

바꿔 말하면, 문제의 크기가 그대로 가격의 크기가 된다는 말이다.

문제 해결의 본질이란 무엇인가

지금 눈앞에 문제를 해결할 기회가 있다고 하자. 문제도 명확하게 특정할 수 있고, 그 해결책도 명확해진 상태다.

그럼에도 불구하고 문제가 해결되지 않는 경우가 있다. 언젠가 TV 방송에서 심리학자가 이런 문제를 냈다.

"집에서 여자친구와 TV를 보고 있는데, 여자친구가 '머리가 좀 아프네'라고 말했다고 합시다. 이때, 뭐라고 말하는 것이 정답일까요?"

이런 질문이었다.

역시나 이런 식의 스토리라면, 남성의 경우 바로 '두통약 먹었어?' 하는 식으로 해결책을 제시하려는 경향이 있어서 그것이 여성의 기분을 상하게 한다는 이야기일 것이다. 아마도 그 답은 전형적인 틀린 해결책일 것이고, 정답은 '괜찮아?'하고 걱정해 주는 거라고 예상했다. 하지만 답은 의외였다.

"정답은 '아픈 것도 몰라 주고, 미안해'입니다."

"무슨 바보 같은!" 하고 무심결에 TV 앞에서 소리 내서 말하고 말았다. 하지만 옆에서 매우 공감하고 있는 아내의 모습을 보고 꽤 명중한 해답이 아닐까 싶기도 했다.

표면상의 문제 해결은 문제 해결이 되지 않는다. 이 경우 머리가 아프다는 문제는 진짜 문제가 아니므로 그 문제에 대한 해결책이 만약 100% 옳았다고 하더라도 문제를 해결하지는 못한다.

The right answer to the wrong problem is very difficult to fix.
틀린 문제에 대한 정답은 고치기가 매우 어렵다.

피터 드러커가 한 말이다.

실제로 여자친구는 '머리가 아프다'라는 문제를 입 밖에 냈지만 그건 진짜 문제가 아니다. 진짜 문제는 '나를 좀 더 신경 써 주길 바란다'였을지도 모른다. 그래서 '몰라 줘서 미안해'가 정답이 되는 것이다.

예전에 한 심리학자에게 이런 이야기를 듣고 배움이 되었다.

초등학교에서 한 여자아이를 괴롭히는 문제에 대해 몇 번이나 주의를 주었지만 그만두지 않는 남자아이가 있었다. 선생님이 아무리 엄하게 지도를 해도, 부모를 학교로 불러도 전혀 개선되지 않았다. 어느 날 지도하는 말의 방식을 바꿔 보기로 했다. "좋아하면 좋아한다고, 부끄러워하지 말고 제대로 말해."라고 말한 것이다. 남자아이의 괴롭힘은 그날 이후 완전히 없어졌다고 한다.

눈앞에서 일어나고 있는 현상만을 받아들이고 그것을 문제로 인식해서 해결하려고 해도, 그렇게 해서는 본질적인 해결이 되지 않는다.

그리고 드러커가 Very difficult to fix(고치기가 매우 어렵다)라고 한 것처럼 틀린 문제에 대해 맞는 해결책을 내기란 매우 힘들다.

왜냐하면 해결책 자체는 옳기 때문이다.

옳은 해결책을 실행하고 있는데도 불구하고 문제는 해결되지 않는다. 옳은 답이기 때문에 그 해결책의 양으로 어떻게든 해결하려고 한다.

선생님이 남자아이의 괴롭힘을 해결하기 위해 '더욱더 엄격하게' 지도한 것처럼, 옳은 해결책은 그것이 효과를 발휘할 때까지 강도가 점점 세지는 경향이 있다. 그러나 대다수의 경우 출발점이라 할 수 있는 문제에 대한 특정에서부터 이미 틀렸다. 눈앞에 일어나고 있는 상황만이 문제가 아니다.

그 너머에 있는 것은 무엇일까.

눈앞에서 일어나고 있는 이 문제는 무엇이 어떻게 되어 '일어나게 된' 것일까. 그 본질을 발견하는 것. 문제 해결은 해결책이 아니라 문제 쪽에 가격이 매겨진다고 앞서 이야기했다.

그리고 가치가 높은 문제를 발견하려면 실제로 일어나고 있는 문제에 주목하는 것이 아니라 그 씨앗이 된 문제의 본질을 알아차릴 수 있는지가 중요하다.

헨리 포드Henry Ford가 자동차를 개발했을 때 이 세상의 니즈는 '더 빠른 말을 원한다.'였다. 그 문제에 대응하는 해결책이 아니라 진짜 문제를 깨달았기 때문에 1908년에 포드가 개발한 T형 포드는 자동차의 역사를 바꿀 수 있었던 것이다. 문제 해결이란 훌륭한 해결책을 내는 것이 아니다. 진짜 문제를 알아차리는 능력이다.

세미나 장소에
참가자들이 일찍 오게 하려면?

나는 지금까지 몇 번인가 이벤트 디렉터를 맡은 경험이 있다. 100명 가까운 아이들을 대상으로 한 3박 4일 스포츠 체험 키즈캠프도 있었고, 참가자 한 명당 10만 엔씩의 참가비를 받고 250명의 경영자를 초청한 강연회도 있었다.

어떤 콘셉트의 이벤트를 할까, 어떤 콘텐츠를 준비할까, 어디서 개최할까, 어떤 방식으로 모객을 할까, 수지를 어떻게 플러스로 만들까 등 생각해야 할 것이 산더미처럼 많다. 그 내용을 모두 대본으로 작성해서 당일에는 행사가 예정대로 진행될 수 있도록 모든 부분을 지휘한다. 당연히 모든 이벤트는 한 번으로 끝나는 승부다. 실패는 용납되지 않는다. 하지만 당일이 되면 예상치 못한 일은 늘 일어난다.

키즈캠프를 개최했을 때의 일이다. 이틀째 아침, 산책 시간에 나타나지 않은 아이가 있었다. 방에 가 보니 그 아이는 잠에서 깨어 있기는 했지만, 이불 밖으로 나오려고 하지 않았다. 나는 왜 이 아이가 이불 밖으로 나오지 않으려고 하는지 그 이유를 알 수 없었다.

늦잠을 잔 거라면 차라리 나을 텐데 깨어는 있다. 단순히 아침 산책하러 가기 싫어서 빼먹으려 한 거로 생각하고 억지로 이불 속에서 끌어내리려고 했을 때, 뭔가 이상함을 감지했다. 아이는 자면서 소변 실수를 했고, 그게 부끄러워서 이불에서 나오지 못한 것이다. 강제로 끌어내기 전에 아이의 심정을 헤아려 주는 것이 먼저다. 이 아이가 소변 실수를 했다는 사실을 다른 참가자들에게 들키지 않도록, 모두가 산책하고 있을 때 자연스럽게 합류시키는 것이 이 상황에서 가장 중요한 미션이다. 하지만 이런 내용은 대본에는 없다. 전혀 예측하지 못한 일이다.

다음 해부터는 아침 운영 사항의 포인트로, 자면서 소변 실수를 한 아이가 있을 경우의 대응 방법을 추가했다.

경영자들을 초청한 이벤트를 개최했을 때의 일이다. 오후 1시에 행사가 시작될 예정이었는데, 5분 전인데도 자리가 반 이상 비어 있었다. 유료 이벤트였고 모든 좌석은 판매 완료되었다.

걱정되어 행사장 밖으로 나가 보니 리셉션은 매우 혼잡한 상황이었다. 물론 혼잡을 예상해 리셉션 절차는 최대한 간소하게 해 두었다. 그런데도 왜 이렇게까지 혼잡한 것인가.

답은 간단했다. 참가자들이 오후 1시가 거의 다 되어서 오기 때문이다. 그도 그럴 것이 경영자들은 대부분 예외 없이 바쁘다. 1시에 시작한다고 하면 대부분 아슬아슬하게 도착한다. 이런 일도 예상하지 못한 건가 하고 후회해도 이미 늦었다. 할 수 없이 행사 시작 시간을 늦추기로 했다.

그렇다고 경영자들에게 '시작 직전에는 붐비므로 일찍 와 주십시오.' 하고 요청을 하기도 사실 좀 곤란하다. 그래서 다음번에는 '커피와 다과가 준비되어 있습니다'라고 안내했더니 꽤 많은 경영자들이 시간에 여유를 가지고 와 주었다.

이벤트를 개최할 때 참가자의 만족도에 가장 영향을 미치는 요인은 무엇일까.

그것은 휴식 시간의 길이다. 정확히 표현하면 적절한 휴식 시간이 준비되어 있는지 여부다.

보통 호화로운 장소나 양질의 콘텐츠와 같이 참가자에게 무엇을 줄 수 있을까에 대한 관점으로 이벤트를 구성하기 쉬운데, 이렇게 되면 대부분의 경우 참가자는 인풋 과다가 되어 피로가 만족감을 넘어서고 만다. 공백의 시간을 얼마나 만들까에 대한 시각은 거의 없다. 공백은 콘텐츠가 아니라고 생각하기 때문이다.

하지만 아이들은 주최 측이 준비한 콘텐츠보다도 휴식 시간에 깡통 차기 놀이를 했을 때 매우 높은 집중력으로 신나게 뛰어놀고, 그날 일기에 깡통 차기가 즐거웠다고 힘 있는 글자로 쓴다. 경영자들은 휴식 시간에 명함을 주고받으며 비즈니스의 기회를 넓힌다.

이 사실을 알게 된 후부터 나는 휴식 시간에 세심한 주의를 기울이게 되었다.

휴식 시간에 흐르는 BGM은 어떤 음악이 좋을까. 그때 커튼을 열어서 자연광이 들어오도록 할까 말까. 조명은 어느 정도의 밝기가 좋을까. 행사장에서 화장실까지 갔다가 돌아오는 데는 몇 분이 걸릴까. 흡연 장소까지 가서 한 대 피우고 오려면 몇 분이나 걸릴까.

최대한 참가자의 심정이 되어, 휴식 시간에 하고 싶은 걸 다 하고 나서도 커피를 가지러 갈 시간은 남아 있는지, 이런 부분을 주의 깊게 설계하면 만족도는 매우 높아진다.

물론 참가자 중에서 이렇게 세심한 부분까지 알아차리는 사람은 일단 없다. 하지만 이런 부분은 만족도에 확실히 영향을 준다. 실제로 이 정도까지 구성해 보면 자신이 참가자로서 다른 이벤트에 참석했을 때 온갖 것이 보이기 시작한다.

'오, 조명을 잘 쓰네. 여기서 한 번 어둡게 하는 거구나.'

'BGM 활용 좋은데? 다음번에 이렇게 해 봐야지.'

'그렇구나. 커피는 종이컵에 뚜껑까지 준비하는 편이 자리까지 가져가기 편하겠네.'

이는 자신이 당사자가 되어 실제로 해 봤을 때 그제야 알 수 있다. 어디서 어떤 문제가 일어날까. 참가자는 무엇을 원할까. 어디까지 주최 측에서 준비하고, 어디부터는 참가자에게 맡기는 것이 좋을까.

하나의 이벤트를 실제로 만들어 보는 것만으로 굉장히 많이 배울 수 있다. 어디서 어떤 문제가 발생하는지는 실제로 당사자가 되었을 때 비로소 보이기 시작하는 것이다.

카레라이스를 만들 수 있습니까?

당사자가 되어 보면 문제를 파악할 수 있다. 개념은 이해했다고 하더라도, 그럼 실제로 당사자가 되려면 어떻게 하면 좋을까. 사실 이 개념을 손쉽게 체험할 수 있는 방법이 있다. 바로 카레라이스를 만들어 보는 것이다.

일본인 중에 카레라이스를 안 먹어 본 사람은 없다고 해도 무방하다. 어렸을 때 직접 만들어 본 경험이 있는 사람도 꽤 있을지 모른다. 매우 친숙한 메뉴지만, 레시피 없이도 재현할 수 있을까. 카레라이스를 만들어 보면 꽤 많은 사실을 깨달을 수 있다. 먼저 식재료 구매에서부터 시작된다.

'음, 카레 재료에 원래 뭐가 들어가지?'

'양파는 어느 정도 들어갔더라?'

'감자 종류가 이렇게 많아? 카레에는 어떤 걸 넣으면 되지?'

'버섯도 들어갔었나?'

'고기는 항상 어떤 거로 넣었었지? 어떤 부위로 해야 하지?'

'카레 가루 종류가 이렇게 많은데, 뭐가 맛있었지?'

'음, 벌꿀은 넣어야 하는 건가, 아니면 들어 있었나?'

재료를 사는 것만으로도 생각할 부분이 산더미처럼 많다. 요리
는 주방에서 시작되는 것이 아니다. 식재료가 준비된 상태에서 시
작한다면 얼마나 편할까.

이것도 슈퍼마켓에 가서 처음 마주하는 문제다. 식재료를 다 샀
으면 드디어 주방에 들어선다. 요리의 본격적인 시작은 지금부터다.

'냄비는 어떤 사이즈를 쓰면 되지?'

'음, 식재료는 어떤 것부터 잘라야 하지?'

'당근은 껍질을 벗기는 게 맞지?'

'감자 싹은 뭘 말하는 거지?'

'늘 먹던 대로 양파를 썰려면 어떻게 해야 하지?'

'어떤 것부터 순서대로 익혀야 하지?'

'앗, 물은 어느 타이밍에 어느 정도 넣으면 되지?'

'카레 가루는 언제 넣어야 하지?'

'카레는 이렇게 부글부글 끓어오르게 놔둬도 되는 거였나?'

먹는 것은 아주 간단하지만 실제로 만들게 되면 셀 수 없을 정도로 많은 의사결정을 통과해서 카레라이스가 완성된다. 이는 모두 당사자가 되어서야 비로소 체험할 수 있다.

같이 장을 보러 가고 만드는 과정을 옆에서 지켜보는 것만으로는 얻을 수 있는 것이 거의 없다. 왜냐하면 보고 있을 때는 '이 정도는 쉽게 할 수 있다'라고 생각하기 마련이기 때문이다.

식재료를 사는 행위도, 재료를 칼로 써는 행위도, 냄비에 볶고 끓이는 행위도 전혀 어렵지 않다. 하지만 무엇을 살까, 어떤 순서로 자르고 볶고 끓일까, 어느 타이밍에 어느 정도의 물을 넣을까 같이 실제로 자신이 움직였을 때 처음으로 '나는 아무것도 몰랐다'라는 사실을 통감하기 때문이다.

당사자가 되어 봐야만
얻을 수 있는 것이 있다

직접 움직여 보면 카레라이스가 얼마나 많은 노력을 거쳐 만들어지는지 알게 된다. 이를 통해 요리를 만들어 주는 사람에게 어떤 말로 감사를 전하면 좋을지를 알 수 있다. 그리고 지금까지 들여다본 적조차 없는 당근 써는 방법이나 감자의 식감에도 의식이 향하게 된다. 이렇게 해서 깨닫지 못했던 것을 깨닫게 된다. 당사자가 되어 직접 해 봤을 때 비로소 얻을 수 있는 감성이다.

물론 이는 요리에 한정된 이야기가 아니다. 신입사원 환영회나 바비큐 등의 이벤트에서 참가자가 아닌 주최자로서 참여했을 때 그제야 보이는 것이 있다. 참가만 했을 때는 그냥 지나쳐서 알아차리지 못했을 법한, 실로 다양한 부분이 실제 경험으로서 자신 안에 남는다. 나중에 자세히 다루겠지만, 보고 이해했다고 생각하는 것과 실제로 그것을 할 수 있다는 것은 전혀 다르다.

홈런을 치는 방법을 동영상으로 학습하고, 머릿속으로는 다 이해했다고 생각해도 실제로 홈런을 치지는 못한다. 배트를 들고 타석에 서서 실제로 투수가 공을 던졌을 때 비로소 모든 것을 체험할 수 있다.

충분히 관찰하는 것만으로는 심히 불충분하다.

당사자가 되어 실제로 행동에 옮기는 것과 자신의 이미지가 얼마나 다른지를 실감했을 때 본질을 깨달을 수 있다. 그것은 언젠가 문제 해결의 씨앗이 되어 진짜 문제를 깨달을 수 있게 해 주는 재산이 된다.

참가자나 방관자로는 아무것도 얻을 수 없다. 주최자, 당사자가 되었을 때 비로소 깨달음의 능력이 길러진다.

문제는 발견하는 것이 아니라 만드는 것

문제의 본질을 깨닫고 그 문제를 해결하는 데 매겨지는 가격은 문제의 크기에 비례한다. 하지만 사실 이것만으로는 아직 충분하지 않다. 그것은 현재 그리고 잠재적으로도 문제가 존재하는 상황에서만 효과를 발휘한다. 그런데 그보다 더욱 강력한 문제 해결이 존재한다. 바로 문제를 만들어 내는 것이다.

예를 들어 수리가 필요 없는 집 지붕에 '점검'을 해야 한다고 말하고 올라가서 지붕 일부를 망가트린 후, '망가져 있는데 지금 바로 수리하면 저렴하게 할 수 있어요'라고 하는 것과 같이 사기적으로 문제를 만들어 내는 케이스는 말 그대로 문제를 만들고 있다. 이것은 물론 논외이지만, 문제보다도 비싸게 팔리는 것이 있다. 바로 '목표'다.

살을 빼고 싶은 생각이 없는 사람에게 다이어트 관련 상품을 팔

수는 없다.

만약 건강상의 이유로 다이어트가 필요한 사람이라고 해도 안 팔리는 건 안 팔린다.

이 경우, 살이 쪄 있다고 하는 건강 상태가 불러일으키는 '문제' 쪽, 그리고 그 문제를 해결하는 '해결책' 쪽, 그 어느 쪽도 효과를 발휘하지 못한다.

하지만 대상자 안에 '목표'를 만들어 낼 수 있다면 그 순간 전개는 달라진다. 본인이 '살을 빼다' 이상의 목표, 예를 들어 '이성에게 인기 있고 싶다'라는 목표를 만들었다고 하자. 그러면 지금 상태 그대로도 문제를 느끼지 못했던 몸에 대해 갑자기 문제를 느끼기 시작한다.

지금처럼 뚱뚱한 몸으로는 '인기를 얻을 수 없다'라고 생각한 시점부터 현상은 문제로 바뀐다. 조금 전까지 문제가 아니었던 세계에 목표가 나타난 순간, 문제도 동시에 나타난다.

'연인과 즐겁게 드라이브한다'라고 하는 상황에서는 신호등이 빨간불이든, 앞에서 차가 끼어들든 문제가 되지 않는다. 하지만 '이대로라면 오후 7시 약속에 늦는다' 하고 의도를 가지는 순간, 빨간불은 문제로 바뀐다. 문제를 현재화하는 방법은 목표를 만들어 내는 것이다. 그렇게 하면 문제가 상대적으로 나타난다.

'살을 빼기' 위한 해결책을 파는 퍼스널 트레이너는 고객이 '살을 빼는' 데 성공하는 순간 팔 것이 없어진다. 또 많은 경우, 고객은 '살을 빼는' 것을 문제의 본질로 인식하지 않기 때문에 다이어트 도중에 '역시 지금 이대로도 특별히 문제는 없으니까 그만둘까?' 하고 의욕이 꺾이는 경우가 압도적으로 많다.

무엇보다 '살을 빼기' 위한 해결책은 시장에 넘쳐흐른다. 그러다 보면 살을 빼기 위한 가격은 얼마일까 하는 문제가 되어, 필연적으로 가격 경쟁의 파도에 휩쓸리고 만다.

이와는 다르게 고객과 함께 '목표'를 만들어 내고, 그 목표에 도달하고자 하는 퍼스널 트레이너는 문제를 새롭게 만들어 낼 수 있다.

그것은 살을 빼기 위한 문제 해결이 아니라, '인기를 얻기' 위한 해결책으로서 '살을 빼는' 것이다.

이렇게 되면 고객 스스로 원동력을 만들어 낸다. 그리고 무엇보다 '인기를 얻기' 위한 해결책은 시장에 별로 없다. 그래서 시장 가격의 영향을 쉽게 받지 않는다.

가격은 만들어 낸 문제의 크기에 비례해 올릴 수 있다.

이런 식으로 문제를 깨닫는 것 못지않게 상대방 안에 목표를 만들어 낼 수 있는지도 가치를 만드는 데 중요한 사고방식이다.

Insight!

♣ 가치는 노동량의 크기가 아닌, 문제의 '크기'로 결정된다.

♣ 훌륭한 문제 해결책을 찾아내기 전에 문제의 크기를 확인한다.

♣ 발생한 문제가 아닌, 그 문제의 본질에서 해결책을 찾는다.

♣ 문제의 본질을 깨닫기 위해서는 관찰자가 아닌 당사자가 되어야 한다.

♣ 문제가 없을 것 같은 상황에서도 새로운 목표가 만들어지면 그것이 문제가 된다.

제5장

말을 바꾼다

즐거운 것처럼 행동하다 보면 언젠가 정말로 즐거워진다.
무언가에 열중하는 데는 이 방법밖에 없다.
일이든 회의든 '너무 재미있다'라는 태도로 덤벼들면,
어느새 진짜 열중하고 있는 자신을 알아차리게 된다.
– 데일 카네기(Dale Carnegie)

그것은 '어려운' 것인가, '재미있는' 것인가

티잉 구역Teeing Area(골프 라운딩에서 티샷을 하는 구역-옮긴이)에 서서 코스를 전망한다. 오른편으로는 숲이 있고 무수한 소나무 가지가 코스 쪽으로 튀어나와 있다. 오른편 숲으로 샷을 날리면 숲에서 공을 빼내는 데만 해도 몇 타는 필요하겠지. 왼편을 노려야 하나 생각했지만, 거기에는 마침 애매한 위치에 연못이 있다. 게다가 연못 앞은 OB 지역이다. 이 얼마나 이상한 코스인가. 오른쪽으로 치면 숲속, 왼쪽으로 치면 연못. 그렇다고 적당히 치면 OB.

나는 속으로 '이거 참 어려운 코스네……' 하고 투덜대고 있었다. 그때, 같이 라운딩을 하기로 한 경영자가 뒤늦게 티잉 구역에 모습을 드러냈다.

그는 입을 열자마자 코스에 대해 나오는 전혀 다른 말로 표현했다.

"오! 재미있는 코스네!"

나는 이 난코스를 '재미있다'라는 말로 표현한다는 사실에 매우 흥미를 느꼈고, 이거다 싶어 그에게 물었다.

"저, 정말로 '재미있다'고 생각하세요?"

그는 갑자기 진지한 얼굴이 되어 코스 쪽을 바라보더니 가볍게 스윙 동작을 하며 대답했다.

"아니, 당연히 어렵지. 그렇지만 어렵다는 생각이 들어도 입으로 '재미있다!'라고 해 버리면 그건 이제 재미있는 코스인 거야. 어때? 점점 재미있는 코스로 보이기 시작했지?"

티 위에 공을 세팅하고 샷을 어느 방향으로 날릴지 정하고 있는 그의 얼굴은 밝았다. 이제부터 '재미있는' 코스로 보일 거라고 한 말에 충분히 어울리는 표정이다. 나는 조금 전까지 불길하게 느껴질 정도로 어려워 보이던 코스가 어쩌면 재미있는 코스인지도 모르겠다는 쪽으로 생각이 점점 바뀌고 있었다. 그가 친 공은 오른쪽 숲속으로 사라져 갔다.

"이런, 숲인가! 재밌네! 좋았어, 숲에서 한 번에 빼 주겠어!"

그때부터 이 코스는 나에게 그저 재미있는 코스로 느껴질 뿐이었다. 내가 친 공은 왼쪽 연못에 빠져 버렸지만, 일단은 "연못에 빠졌어요! 이거 재미있어지겠는데요?" 하고 말해 보았다. "그치?"라는 말만 남기고 그는 숲속으로 들어간 공을 찾으러 걸어가기 시작했다.

"재미있다고 말해 버리면, 그건 벌써 재미있다."

꽤 반신반의하면서도 어쨌든 나는 입으로 뱉어 보기로 했다. 말이 가진 힘을 실감하기 시작한 것은 그로부터 조금 지나고 나서다.

말을 바꾸면 세계는 확 바뀐다

『사피엔스』(유발 하라리Yuval Harari)에 따르면, 우리 사피엔스가 다른 어느 종과 비교해도 압도적으로 큰 커뮤니티를 만들 수 있었던 이유는 '언어'를 가졌기 때문이라고 한다.

언어에 의해 우리는 'Fiction=허구'를 만들어 내고, 그것을 믿음으로써 커뮤니티를 형성하고 통솔할 수 있게 되었다.

돈, 종교, 국가, 법률, 인권, 주식회사 등은 그 자체로는 존재하지 않음에도 불구하고 우리가 언어를 통해 그것을 형상화하고, 그것이 존재한다는 사실을 믿을 수 있는 한 원활하게 운영된다.

토요타에는 2022년 기준으로 전 세계에 약 37만 명의 직원이 있다. 37만 명의 토요타 직원들은 토요타라는 회사의 존재를 믿고 있다.

그 존재는 원숭이에게는 보이지 않는다. 하지만 사람들 사이에서는 거기에 토요타라는 회사가 존재한다는 사실이 받아들여진다.

마찬가지로 돈, 기독교, 일본인, 도로교통법 등도 모두 우리가 언어로 만들어 낸 'Fiction=허구'이기 때문에, 그 존재를 믿음으로써 사피엔스는 서로 협력해 왔고 역사상 유례없이 그 세력을 확장할 수 있었다.

말에는 세계를 만들어 내는 힘이 있다. 종교나 나라를 만드는 것처럼 거창한 이야기까지는 아니더라도, 적어도 말을 통해 눈앞의 세계를 다른 세계로 다시 만들어 내는 일은 충분히 가능하다.

예를 들어 창밖의 풍경을 보면서 "오늘은 생각보다 덥네."라고 말하면 그곳에는 '생각보다 더운' 세계가 만들어진다. "예년에 비하면 춥네."라고 말하면 그런 세계로 바뀌어 다시 만들어진다. 창밖은 여전히 창밖의 세계에 지나지 않는다.

그 아무것도 아닌 세계에 당신이 말을 부여하는 순간, 바깥 세계는 당신이 부여한 말 그대로 만들어진다. 그리고 밖이 덥다, 길이 넓다, 천장이 높다 같이 상태에 관한 설명 외에도, 예를 들어 자신의 세계관 또한 말을 통해 만들어 낼 수 있다.

그리고 도입부에 등장했던 경영자의 말처럼, '어렵다'라는 세계를 '재미있다'라는 말로 바꿔 쓴다면 보이는 세계를 완전히 바꿔 버리는 것도 가능하다.

재미있는 사례가 있는데, 어느 기업에서는 '바쁘다'가 금지어로 지정되어 있다. 금지어일 뿐만 아니라 '바쁘다'라는 말이 나올 것 같으면 '대인기'로 바꿔 말해야 하는 룰이 존재한다.

이렇게 해 보면 대화는 무척 재미있어진다.

× "오늘도 엄청 바쁘네."
O "오늘도 대인기네."

"오늘도 바쁘네."라는 말을 쓰면 그 뒤에는 "힘들겠다.", "싫겠다."
라는 부정적인 말이 나오기 쉽다. 하지만 "오늘도 대인기네."라고
바꿔 말하면 그 순간 부정적인 말이 따라오기는 어렵다.

대화는 분명 긍정적인 말로 자연스럽게(반강제적으로) 이어질 것
이다. 덧붙이면 이 회사에는 마찬가지로 '어렵다'를 '재미있다'로 바
꿔 말하는 룰도 있다.

"이거, 내일까지 완료해 두도록."
× "아, 그건 좀 어렵습니다."
O "그건 좀 재미있겠네요."

어떤 의뢰를 해도 "그건 어렵겠는데요." 하고 말하는 사람이 있다.

그런 사람에게 "어렵다는 말이 나올 것 같으면 일단 아무것도 생
각하지 말고 무조건 '재미있다'라고 말해 봐."라고 하면 위 대화와
같은 흐름이 된다.

"재미있겠네요." 하고 한번 입으로 내뱉어 보면 분명 재미있는 세

계가 만들어진다. 거기서 부정적인 말이 이어지기는 어렵다. 이런 식으로 말을 통해 세계관을 확 바꿀 수 있다.

　말을 조금 바꾸는 것만으로도 세계는 확 바뀐다.

　게다가 말은 앞에서도 이야기했듯이 우리가 의식하기만 하면 그 자리에서 바꿀 수 있다. 세계는 말에 의해 만들어지는데, 다시 말해 의식하는 대로 말을 바꿀 수 있다면 우리는 의식하는 것만으로도 세계를 바꿀 수 있다는 뜻이기도 하다.

　말은 형태가 보이지 않지만 실은 세계를 바꿀 정도의 에너지를 내포하고 있다. 말 한마디로 평생 용기를 가지고 살아간다거나, 말 한마디로 사람의 목숨까지 빼앗아 버리는 일도 있다.

　말은 에너지의 덩어리다. 그러므로 정성껏 다룰 필요가 있는 것이다.

자신이 쓰는 말은 자신에게는 보이지 않는다

우리가 모두 물고기로 이 세상에 태어났다고 하자.

바다에서 생활하던 어느 날, 당신은 엉뚱한 일로 육지에 나갈 기회를 얻었다. 3개월 정도 육지를 여행하고 다시 바다로 돌아온 당신을 바다에 있는 친구들은 흥미진진해 했다. 육지는 어떤 세계였는지 폭풍 질문이 이어졌다.

거기서 당신은 무엇보다도 먼저 최대의 발견이 있었으니 들어주었으면 한다고, 친구들의 질문을 잠재우고 입을 연다.

"우리말이야, 모두 젖어 있는 것 같아."

친구들은 당신이 무슨 말을 하는지 전혀 알 수 없다. 물론 하는 말은 분명히 들었다. 말의 의미도 안다.

하지만 무슨 이야기를 하는 건지는 전혀 모른다.

육지에서 봤을 때 바다에 있는 물고기들은 대체로 젖어 있다. 하지만 바다에서 생활하는 물고기에게는 물이 보이지 않는다. 물고기들은 자신들이 젖어 있다는 말을 들어도 그것이 무엇을 의미하는지 알지 못한다.

이는 인간에게도 해당하는 이야기다.

우리는 말의 바닷속에 있다. 마침 태어나 떨어진 세계에 원래부터 말이 존재하고 있었고, 너무나도 당연해서 그 존재를 깨닫는 일조차 없다.

말의 바닷속에서 말에 둘러싸여 살고 있다. 의식하거나 깨닫지 못하는 사이에 일상적으로 사용하는 말을 통해 세계를 만들고 그 안에서 살아가고 있다. 그러므로 이제 와서 '말을 다룬다'라고 한들, 다들 원래부터 말을 하며 살아왔기 때문에 오히려 이 개념을 이해하기 어렵다.

적어도 지금 이 책을 읽고 있다면, 우리말을 할 줄 안다는 뜻이 될 것이다.

하지만 말은 자신이 생각하는 것 이상으로 보이지 않는다. 스스로 다루는 말이 자신이 사는 세계를 결정하고 있는 것이다.

말은 지금 당장 바꿀 수 있다

행동에 옮기는 것이 중요하다고 계속 이야기해 왔다. 지금 당장 외국에 간다, 내일부터 택시로 움직인다, 지금 당장 러닝화로 갈아 신고 달리기 시작한다 등 어떤 종류의 강제적인 행동에는 꽤 스트레스가 가해진다.

실제로 돈이 들기도 하고, 체력이 필요하기도 하고, 행동에 나서고자 하는 의지가 없으면 할 수 없는 일이 있기 때문이다. 하지만 말은 지금 이 순간부터 바꿀 수 있다. 그리고 만약 자신이 실제로는 그렇게 생각하지 않았더라도 말을 바꾸면 그런 세계가 열린다.

물론 말을 한두 번 바꿨다고 세계가 바뀌지는 않는다.

하지만 당신이 만약 자신의 뇌를 훈련하듯이 의도한 말을 계속 쓴다면 어느새 세계는 말처럼 그렇게 되어 간다. 당신의 마인드, 사고방식, 심성을 바꿀 필요는 없다. 지금의 당신 그대로 일단 말만 바꾸는 것부터 시작한다.

몇 번을 반복해서 말하지만, 이것은 지금 당장 시작할 수 있다. 체력도 돈도 필요 없다. 사람에 따라서는 약간의 용기가 필요할지도 모르지만, 엄밀히 말하면 용기도 필요 없다. 그저 말을 바꿔 보는 것뿐이다. 그렇다면 실제로 어떤 말을 써서 훈련하면 좋을까.

단언한다

첫 번째 비법은 '단언하기'. 일본인의 경우 일본어의 구조적 특성 때문에 말을 애매하게 하는 버릇이 자연스럽게 몸에 배어 있다. 그리고 문장 구조상 자신의 주장이 문장 끝에 온다. 예를 들면 다음과 같다.

나는 사과를 먹   +   습니다.
지 않습니다.
었다.
지 않았습니다.
고 싶다.
고 싶었다.
으려고 생각했다.

이처럼 끝까지 듣지 않으면 그 사람이 하고 싶은 말이 무엇인지 이해할 수 없다.

영어 등의 언어에서는 자신의 주장이 문장 앞쪽에 온다.

I eat (나는 먹는다)

I don't eat (나는 먹지 않는다) + an apple. (사과)

I want to eat (나는 먹고 싶다)

이같이 자신이 말하고자 하는 내용이 앞에 나온다. 외국인(특히 영어권·중국어권)은 주장이 강하다고들 하는데, 주장이 강한 것이 아니라 주장을 먼저 하지 않으면 말로써 성립하지 않는 구조인 것이다.

일본어를 할 때는 소극적이지만 영어를 하면 마치 성격이 바뀌기라도 한 것처럼 주장을 내세우기 시작하곤 한다. 이는 성격이 바뀐 것이 아니라 언어가 바뀌면 성격이 바뀐 듯한 인상을 주기 때문이다.

일본인이 영어를 잘하지 못하는 원인 중 하나는 언어의 구조상 '먼저 주장하는' 데 서툴기 때문이다. 머릿속으로 일본어를 먼저 생각한 다음 영어로 변환하려고 해도 문장의 구조상 변환할 수 없다.

영어 교육을 받을 때, 선생님은 늘 "S(주어)와 V(술어)를 먼저 말해!"라고 했다.

"어제 온 가족이 차를 타고 동물원에 갔다가 쇼핑하러 갔고……."

이와 같은 내용을 영어로 말하려고 할 때, 일본어의 어순대로 머릿속에서 통역해 보면 yesterday(어제), I(나), with my family(가족과 함께), car(차), zoo(동물원)의 순서로 문장을 만들어 나가게 된다.

그렇게 하면 바로 "S(주어)와 V(술어)는?" 하고 질문을 받는다. 무슨 말을 하고 싶었든지 간에, I went (나는 갔다) 를 먼저 말해야 한다. 일본어를 영어로 변환하는 것이 아니라 처음부터 바로 영어로 말하려는 모드로 30분 정도 지나면 자연스럽게 S(주어)와 V(술어), 즉 '누가', '무엇을 하다'를 가장 먼저 말하게 된다.

이 모드가 되면 신기하게도 영어가 매끄럽게 나온다. 반대로 일본어가 서툰 외국인의 문장은 주장이 앞에 나오기 때문에 일본어 문장 표현으로는 위화감이 느껴진다.

"나, 간다, 시부야. 어떻게, 가?"
"나, 싫어해, 이거."

마찬가지로 중국인의 경우도 주장이 강하다는 느낌을 준다. 이 역시 중국인이라는 민족이 주장이 강한 것이 아니라(실제로 강할지도 모르지만), 언어의 구조에 꽤 영향을 받는다.

게다가 중국어는 발음을 명확하게 해야 하고, 음악과 같은 억양이나 높낮이, 즉 성조를 붙이지 않으면 말이 통하지 않는다. 언어의 특징 때문에 소곤소곤 귓속말하기가 어려운 것이다. 그들의 목소리가 크고 주장이 강하게 느껴지는 이유 중 하나는 이러한 언어의 구조 때문이다.

애매한 표현을 배제한다

일본어처럼 언어의 구조상 주장을 내세우기 힘든 경우라도 말을 '단언하는' 방법을 통해 애매함을 배제하고 주장의 힘을 강하게 만들 수 있다. 다음 문장을 살펴보자.

"어느 쪽이 좋을 거 같아요?"
"아, 그럼, 이쪽이 좋을 거 같아요."
이처럼 평소 일상적으로 이루어지는 대화 속에도 애매한 말이 포함되어 있다.
그것은 '-것 같다'이다.

먼저 이 대화가 잘못된 것은 아니라고 말해 두고 싶다. 애매한 말과 표현을 써서 대화하면 문장이 전체적으로 부드러워져서 상대방이 편하게 받아들일 수 있다. 이는 사회성을 기르는 데 있어 중요한 능력이다.

어디까지나 스스로 말에 대해 훈련을 하고 있을 때는 이런 애매한 말을 배제해 나가자는 제안이다.

"어느 쪽이 좋습니까?"
"아, 그럼 이쪽이 좋아요."

평소의 대화에서 '–것 같다'를 배제하게 되면 갑자기 자신의 말에 책임이 발생한다. 실제로 입 밖으로 내 보면, 정확히는 입 밖으로 내려고 하는 그 순간 꽤 스트레스를 받는다. 이쪽이 좋은 '것 같다'가 아니라 이쪽이 '좋다'라고 단정하는 것은 다른 쪽의 선택지를 부정하는 의미가 되기 때문이다.

이는 상대에게도 스트레스를 주기 때문에 가능하면 피하고 싶은 상황이다. 하지만 말을 할 때 단언하기만 해도 당신의 주장은 지금까지보다 더 큰 힘을 가지고 상대방에게 전달된다.

일정 기간 자신의 삶에서 '–것 같다'라는 표현을 배제해 보면, 꽤 많은 부분에서 애매함이 사라진다. 그리고 동시에 도망칠 수 없게 되는 감각을 얻는다. 올림픽에 출전하는 운동선수가 기자회견에서 '–것 같다'를 배제하면 말을 통해 느껴지는 각오와 책임감은 한층 더 강해진다.

"금메달을 목표로 최선을 다해야 할 것 같습니다."
"금메달을 목표로 최선을 다하겠습니다."

한 가지 더 추가해서 '목표로 한다'라는 표현도 배제하면,

"금메달을 따내겠습니다. 최선을 다하겠습니다."

애매한 말이 아닌 명확한 표현을 써서 단언하는 것만으로 자신의 말에 대한 책임이 생겨서 애매하게 행동할 수 없게 된다. 특별히 금메달을 따는 것처럼 대단한 일을 하라는 말이 아니다. 일상적으로 일을 하거나 생활할 때 스스로의 퍼포먼스를 향상시키는 과정에서 말에서 애매한 표현, 그중에서도 '−것 같다'를 배제하기만 해도 각오와 책임을 만들어 낼 수 있다는 말이다.

애매한 표현은 또 있다.

"영어를 잘하게 '되고 싶다'."
"슬슬 씻으러 '가 볼까'?"
"일단은 '해 보겠습니다'."

자신 안에 있는 '생각'을 입 밖으로 내는 것이 아니라 이제부터 할 행동, 즉 '선언'을 입 밖에 내면 당신의 주장, 앞으로 세상을 향해 펼칠 일이 명확해진다. 동시에 책임도 생긴다.

"영어를 잘하게 '된다'."
"이제 씻으러 '간다'."
"일단 '하겠습니다'."

이런 식으로 할 일, 벌일 일, 그 선언만을 입에 올리고 단언한다. 포인트는 입 밖으로 꺼내는 것이다. 머릿속에 상기시키는 데 그치지 않고 씻으러 가기 전에 "이제 씻으러 간다." 하고 실제 말로 해본다.

자신이 하는 일마다 일일이 입 밖으로 내서 선언하고 단언하는 습관을 들인다. 계속 이렇게 하다 보면 자신의 주장, 결단력은 놀랄 만큼 강해진다. 다시 한번 말하지만, 실제로 머릿속이나 가슴속에서 생각하지 않았더라도 말'만' 바꾼다.

단지 이것만으로 인생의 여러 부분에 변혁이 일어나기 시작한다. 이제부터는 "언젠가 저런 큰 집에 살고 싶다."와 같은 소원은 입 밖에 내지 말고, "3년 안에 60평 넘는 집으로 이사한다."라고 말해 본다. 사소해 보일지 몰라도 이렇게 말 하나하나를 정성껏 바꿔 쓰다 보면 어느새 사고 자체에도 영향을 미치기 시작한다.

자신이 하는 말을 가장 많이 듣는 사람은 바로 자기 자신이다. 그리고 자신에게 영향을 미치는 것은 다른 무엇도 아닌 자신이 쓰고 있는 말이다.

허가를 받지 않는다

두 번째 비법은 '허가받지 않기'.

예전에 한 경영자에게 전화를 걸었을 때, 나는 언제나처럼 "안녕하세요? 지금 통화 괜찮으세요?" 하고 대화를 시작했다. 그러자 "응. 괜찮으니까 전화를 받았지. 괜찮지 않으면 전화 안 받았어. 다음부터 그런 확인은 안 해도 돼"라는 말을 들었다.

그는 평소 굉장히 말에 충실하게 사는 사람이어서 설령 듣기 좋은 말이라도 애매한 대화는 철저하게 배제하려고 한다. '듣기 좋은 말도 안 통하는, 엮이기 힘든 사람이네' 하고 생각하는 사람도 있을지 모르지만, 나는 '맞아, 딱 맞는 말이다!' 하고 어쨌든 감명받았다. 마찬가지로 그는 이런 질문도 받기 싫어한다.

"지금, 잠깐 괜찮으세요?"

"질문해도 괜찮을까요?"

늘 버릇처럼 이런 식으로 대화를 진행하려고 하면, "괜찮지 않아" 하고 일부러 질문하지 못하게 한다. 그가 하고 싶은 말은 이렇다.

"'질문해도 괜찮을까요?'라니, 안 된다고 해도 질문하고 싶잖아? 그럼 '질문이 있습니다' 하고 알아서 대화를 시작하라고. 안되는 상황이면 '지금 안 되는데'라는 말을 들을 거 아냐. 자신이 하고 싶은 걸 하나하나 허락받다 보면 누군가의 허락 없이는 움직이지 못하는 인생이 될 거야. 자네, '부자가 되어도 될까요?'라고 일일이 허락을 받지는 않을 거 아냐. 멋대로 부자가 되라고."

이러한 사고방식은 내가 쓰는 말에 매우 큰 영향을 주었다.

'-해 주시겠어요?'라는 표현은 문장 자체를 부드럽게 만드는 작용을 한다.

"다음에서 우회전해 주시겠어요?"
"메뉴판 좀 주시겠어요?"
"조용히 해 주시겠어요?"

질문의 형태를 하고 있지만, 이 말들에 담긴 의도는 돌려 말하는 요청이다. 하지만 말 그 자체의 의미로 보면 선택권은 상대방에게 있다.

그렇다고는 해도 "조용히 해 주시겠어요?"라고 말을 던지고서 "음, 싫은데요."라는 대답을 들을 일은 거의 없을 것이다. 그렇다면 처음부터 이쪽의 의도를 직설적으로 전달하는 방식으로 말해 보라는 제안이다.

물론 "조용히 해 주시겠어요?"라는 표현 쪽이 사회적으로는 훨씬 더 좋게 받아들여진다. "조용히 해 주세요"라고 말하면 꽤 높은 확률로 분위기가 껄끄러워진다.

여기서 포인트는 의사결정권을 상대 쪽으로 넘기지 않는 것이다. 자신의 인생, 자신이 하고 싶은 행동, 자신의 요청에 대한 결정을 상대방에게 맡기지 않는다. 항상 자신 쪽에서 결정권을 가진 상태에서 말을 다루는 것이 중요하다.

'허가받지 않기' 훈련을 하고 있었을 당시, 또 다른 경영자와 함께 러닝을 하러 간 적이 있다. 5킬로미터 지점을 얼마 남기지 않았을 때 나는 무의식적으로 "슬슬 되돌아갈까요?" 하고 물었다.

그는 시선만을 내 쪽으로 돌린 채 묵묵히 달리고 있다. 나는 무의식적으로 허가를 받으려고 한 자신을 깨닫고는 몹시 반성했다. 물론 평범하게 둘이서 조깅을 하는 상황이라면 "돌아갈까요?", "다음 코너에서 턴 할까요?"와 같은 대화가 오가는 것은 일반적이다.

그리고 사회적으로 보면 이렇게 물어보는 것이 훨씬 더 정답에 가깝다.

하지만 성공을 이룬 세상의 많은 경영자들은 끝까지 선택권을 자기 쪽에서 가지려고 한다. 자신의 인생을 상대방의 의사결정에 맡기려고 하지 않는다. "좋아. 여기서 되돌아가겠어"라고 말하고, 갑자기 몸을 돌려 왔던 길을 되돌아가기 시작한다. 만약 내가 그를 컨트롤하고자 했다면 멋대로 행동하는 그에게 분노를 느꼈을지도 모른다.

하지만 만약 서로가 각자 자신의 인생을 사는 데 집중하고 있다면 그가 어디서 턴을 하든지 나와는 상관없다. 각자 달리고 싶은 거리를 다 달린 후에 "오늘도 나이스 런이었어." 하는 이야기를 나누면 그걸로 충분하다.

허가를 받지 않고 자신의 인생의 선택권을 자기 쪽으로 되찾아오기만 해도 인생의 자유도는 쑥 올라간다.

일어난 모든 일에 책임을 진다

세 번째 비법은 '책임지기'.

"죄송합니다. 숟가락이 떨어져 버렸는데, 새로 가져다주실 수 있나요?"

음식점에서 이런 부탁을 해 본 적 없는가? 말을 정확하게 다룬다는 관점에서 보면, 숟가락이 '떨어져 버리는' 일은 없다. 숟가락이 스스로의 의지로 혼자서 떨어진 거라면 그건 다른 의미로 흥미로운 사건이다. 숟가락은 틀림없이 당신의 어떠한 행위에 의해 떨어진 것이다. 100% 당신의 책임으로 당신이 떨어뜨린 것이다. 그렇다고 하면 "숟가락을 떨어뜨렸는데 바꿔 주세요." 하고 부탁해야 한다.

이렇게 결과에 대한 원인이 세상 쪽에 있고, 자신 쪽에는 없다고 하는 입장을 말의 관점에서 모두 바꿔 보자.

모든 원인은 내 쪽에 있고 세상에서 일어나는 모든 일에 책임을 진다. 일어난 일에서 영향을 받는 것이 아니라, 나 자신이 세상 쪽에 영향을 주고 무언가를 일으킨다는 입장에서 말을 다룬다. 무의식적으로 말을 쓰다 보면 어느새 영향을 받는 쪽이 되고, 자칫하면 피해자의 입장을 취하기 쉽다.

상황의 피해자가 되기 쉬운 말 2가지가 있다. 첫 번째는 앞서 언급한 '되어 버렸다'라는 표현이다.

떨어져 버렸다, 먹어 버렸다, 늦어 버렸다, 무심코 말해 버렸다, 사 버렸다 같이 마치 자신의 의지 밖의 어떤 힘이 움직여서 일어난 일처럼 세계를 표현하는 말이다.

과정에서 무슨 일이 일어났건 최종적으로 그 상황을 일으킨 것은 자기 자신이다. 그 입장에서 말을 다루고 그런 방식으로 산다. '-니까 -가 되다'라는 세계관이 아니라, '-를 -하다'라는, 항상 자신이 영향을 주는 쪽에 있다는 세계관을 말로 표현하는 것이다.

"세계가 평화로워지는 것이 저의 소망입니다."라고 말하기보다는, "세계를 평화롭게 만드는 것이 저의 소망입니다."라고 말하는 쪽이 말의 에너지가 강하다.

두 번째는 '못했다'라는 표현이다.

"공부를 별로 못해서, 시험 자신 없어."

공부는 못한 것이 아니라 안 한 것이다. 할 시간도 수단도 있었지만, 의식적으로든 무의식적으로든 공부를 '안 한다'라고 결정한 것은 그 누구도 아닌 자기 자신이다.

졸음을 이기지 못했다거나, 공부에 대한 스트레스를 견디지 못하고 유튜브를 봤다거나, 이유는 여러 가지가 있겠지만 '못한' 것이 아니다. 사람에 따라서는 정말로 시간이나 다른 문제로 인해 '못한' 경우도 있을 수 있다.

하지만 그 상황조차도 공부 이외의 무언가를 우선시한 것은 자기 자신이다. '못했다'라는 세계관을 극단적으로 배제하고 '안 했다'라는 말을 선택하면 스스로의 말과 인생에 더욱 책임 의식을 갖게 된다.

그렇다면 나는 프로야구의 세계에서 활약 '못한' 것일까, 활약 '안 한' 것일까. 일반적으로 생각해 보면 전자다. 활약할 능력도 기회도 없었기 때문에 '안 했다'라는 건 말도 안 된다. 적어도 주관적인 관점에서는 활약 '못했다'라고 생각한다.

하지만 현역으로 활약하고 있는 선수들에게 이야기를 들어보면, 그들의 플레이에 대한 구체적인 묘사, 마음가짐, 승부에 도전하는 자세는 충격적일 만큼 재미있다. 그들은 승부에 이기기 위해 모든 사고를 회전시키고, 가능한 한 구체적인 준비를 하고, 마지막까지 포기하지 않는다. 그에 비해 나는 생각하기를 그만두고, 그저 '죽을 만큼 열심히 노력한다'라는 길로 도망쳤다.

사실 같은 시기에 입단해서 최정상급 선수가 된 친구는 "너의 훈련량은 정말 대단했어. 지금까지 봐 온 어떤 선수보다도 열심히 훈련했다고 생각해. 하지만 내가 봤을 땐 '그 포인트'가 아닌 것 같아. 더 할 수 있는 게 꽤 있었을 거라고 생각해."라고 말했다.

즉 그의 시점에서는 더 나은 활약을 보여 주기 위한 수단은 아직 무수히 남아 있었는지도 모르는데 내가 그 선택을 하지 않았다고 본 것이다. 열심히 노력하는 것으로 덮어버리고 다른 선택지를 고르지 않은 것은 분명 나 자신이다.

활약하지 못한 것은 온전히 내 책임이다. 적어도 프로야구라는 무대에서 활약할 기회도 주어졌고, 최정상급 선수로부터 정보를 얻을 기회도 있었음에도 불구하고 '열심히 노력한다'라는 길을 택하고, 다른 길을 고를 가능성을 배제한 것은 바로 나다.

그렇게 생각하면 나는 활약하지 못한 것이 아니라 활약 '안 한다'라는 길을 나도 모르는 사이에 선택했다고 할 수 있다. 모든 결과는 철두철미하게 스스로의 선택으로 이루어진다. 그러므로 '못한' 것이 아니라 '안 한' 것이다.

유럽을 중심으로 전 세계에서 활약하고 있는 화가를 알게 되어 이야기 나눌 기회가 있었다.

그는 어떤 기획을 통해 일본 대기업과 제휴해서 꽤 큰 아트 작품을 만들게 되었다. 당시 화가의 매니저와 일본 기업의 담당자가 면밀하게 회의를 진행했고, 이제 창작에 들어갈 단계가 되어 화가를 일본으로 불러들였다.

그림을 그리게 될 수 미터에 이르는 벽을 보고 그는 이렇게 말했다고 한다.

"여기에는 안 그릴래."

그는 자신이 납득할 수 있는 일, 자신이 재미있다고 생각하는 일 이외에는 하지 않는다.

이미 준비가 되어 있는 상황이라도, 상대방이 준비한 의도나 예상안에서 자기 일을 진행하지 않는다. 그 태도가 말에서도 잘 드러난다. '못 그리는' 것이 아니다. '안 그리는' 것이다. 기획을 담당한 기업은 며칠이 걸려 벽의 구조를 새로 만들었고 다시 화가와 교섭을 벌였다.

서로가 좋은 일을 할 수 있을 거라는 이해 아래 화가는 창작에 들어갔다.

그 대규모의 작품은 지금도 도내 모처에서 볼 수 있다. 말은 그것을 다루는 사람의 입장이나 삶의 방식을 명확히 표현한다. 책임 있는 말을 의도적으로 쓰면 책임'감'은 자연스럽게 길러진다.

금지어를 정한다

네 번째 비법은 '금지어 정하기'.

사실 앞서 다뤄 온 내용처럼 '어떤 말을 의도적으로 써 보자' 하는 힘보다 '이 말을 쓰면 안 된다' 하는 힘 쪽이 스스로에게 훨씬 더 큰 영향을 준다.

'그래도'를 봉인한다는 것은 앞서 2장에서 이미 다뤘다. 자신이 어떤 말을 쓰고 있는지 주의를 기울이고 그 말을 봉인하기만 해도 말의 습관은 크게 바뀐다. 그로 인해 결국 사고의 습관도 통째로 바뀌기 시작한다. 많은 사람이 무의식적으로 쓰는 말로 퍼포먼스를 떨어뜨리는 대표적인 말이 두 가지 있다.

첫 번째는 '일단'이다.

"그럼, 일단 자료를 만들었으니 봐 주세요."

"그 건에 대해서는 일단 상대방 쪽에 확인해 보고 나서……."

이렇게 글자로 봤을 때는 "'일단'을 그렇게 많이 쓰고 있나?' 하는 생각이 들지만, 내 경험상 이 말은 등장 빈도가 매우 높다. 게다가 쓰고 있는 본인은 대부분 알아차리지 못한다.

회의 중에 어떤 사람이 1분 정도 스피치를 하는 동안 '일단'이라는 말을 7번 사용했다. 그 사람에게 "지금 이야기하기 시작해서 끝날 때까지 '일단'이라는 말을 몇 번 했는지 스스로 인식하고 있습니까?" 하고 질문해 보았다. "어, 제가 몇 번씩이나 말했나요?"라고 했을 정도로 본인에게는 인식이 없다. 쓰는 쪽에서는 굳이 신경 쓸 것도 없는 말인지 모르지만 나는 명확하게 말의 수정을 요청한다.

"'일단' 작성한 자료가 아닌, '전력'으로 작성한 자료를 보여 주세요."

"'일단' 확인하는 것이 아니라, '명확'하게 확인해 주세요."

일단이라는 말을 무의식적으로 계속 쓰다 보면 인생 전체가 '일단'으로 정리되는 인생이 된다. 항상 전력으로 하라는 말이 아니다. 우선 자신의 인생에서 '일단'을 배제해 보는 것만으로 이 '일단'의 세계는 봉인된다.

'그런 작은 거로 인생이 바뀝니까?' 하고 생각하는 사람도 있겠지만, 인생을 바꾸려면 이렇게 작은 것을 쌓아 나가는 길밖에 없다. 몇 번이나 말하지만, 한두 번 바꿔 보는 정도로는 아무것도 바뀌지 않는다. 연속적인 사고 안에서 무의식적으로 쓰는 말에 의해 당신의 세계는 형성되었고 지금 그 안에서 살고 있다. 그렇기 때문에 자신의 말에 세심하게 주의를 기울이고 그 말을 바꾸는 과정을 통해 자신의 세계 안에 자리 잡고 있는 인식을 바꿔 가야 한다.

무의식적으로 등장해 퍼포먼스를 떨어뜨리는 대표적인 말, 두 번째는 '좀'이다.

"그러면 말이야, 좀 시작해 볼까?"
"그럼, ○○ 씨 좀 발표해 주세요."
"자료를 좀 봐 주세요."

이 말은 멀리 갈 것도 없이 나 자신이 무의식적으로 잘 쓰는 말이다.

한번은 일하는 내 모습을 영상으로 찍어서 다시 본 적이 있다. 영상 속 나는 이래도 되나 싶을 정도로 '좀'이라는 말을 많이 쓰고 있었다.

내가 왜 이렇게나 '좀'을 많이 쓰는지 원인을 분석해 보면, 분명 자신이 없기 때문이다.

내가 회의를 이끌어 간다고 하는, 상황을 컨트롤 하는 데서 발생하는 어떤 종류의 스트레스가 말의 구절구절에 나타나고 있는 것이다. 그 순간에 자신은 알아차리지 못했지만 말에 분명히 나타나고 있다.

자신의 일, 자신의 말에 책임과 각오가 없기 때문에 '좀'이라는 말을 사용함으로써 무의식적으로 책임을 회피하려고 한다. '좀'을 이렇게 많이 쓰다 보면 아마도 내 인생은 틀림없이 '좀스러운 인생'이 되겠지. 내가 클라이언트의 입장이라면 '좀' 일을 하는 사람보다, '전력으로' 일을 하는 사람에게 맡기고 싶다.

'좀'은 각오가 없음을 드러내는 표현이다. 그렇게 가설을 세우고 '좀'을 봉인하기로 했다. 다음 날, 클라이언트의 회의실에서 이야기하는 동안 나는 몇 번이나 '좀'을 속으로 삼켰다. 금지어로 정하기로 해 보면 자신이 그 말을 얼마나 일상적으로, 무의식적으로 써 왔는지를 통감하게 된다.

'내 인생은 이렇게나 '좀스러운' 인생이었던 건가' 하고 깊이 반성했다.

그리고 좀을 봉인하는 것만으로 말에 힘이 생기기 시작했다. 확실히 말의 파워가 커진 느낌이었다. 내 각오가 커진 것이 아니라 말이 바뀐 것뿐이다. 각오가 없어서 '좀'을 만들어 냈다고 하더라도 각오 그 자체를 올리려고 하면 안 된다.

각오는 그 자리에서 올리거나 내리거나 하듯이 갑자기 결정되지 않는다. 하지만 말은 바꿀 수 있다. 자신의 감정과 사고가 아닌, 말을 먼저 바꾸는 것만으로도 각오는 알아서 다져진다.

먼저 자신의 말을 잘 들여다보고, 어떤 말로 이 세계를 살고 있는지를 알아야 한다.

그리고 만약 자신이 효과적인 말을 쓰고 있지 않다면 그 말들은 봉인하고 새로운 말로 교체해 간다. 이는 결국 강력한 말의 습관이 되어 사고 그 자체를 바꾸고, 행동을 바꾸고, 성과를 바꾼다.

Action!

♣ 말만 바꿔도 만들어지는 세계가 바뀐다.

♣ '어렵다'라는 말이 머리에 떠오른다면 '재미있다'라고 말해 본다.

♣ 애매한 말은 쓰지 않고, 단언한다.

♣ '—인 것 같다', '—인 것 같습니다'를 쓰지 않는다.

♣ '(말씀대로) 그렇게 하겠습니다'를 쓰지 않는다. 상대방에게 허가를 구하는 방식의 표현을 쓰지 않는다.

♣ '되어 버렸다'를 쓰지 않는다. 원인은 자신에게 있다.

♣ '못했다'를 쓰지 않는다. '안 했다'가 맞다.

♣ '일단', '좀'은 쓰지 않는다. 자신 없음을 숨기기 위한 핑계다.

제6장

상대방이 이기게 한다

가족이나 친구, 동료가 의욕을 갖게 하는 유일한 방법은
협력하고 싶은 생각이 들게 하는 것이다.
그리고 고마워하고 정당하게 평가해 주는 것,
진심으로 격려하는 것이다.
– 데일 카네기(Dale Carnegie)

말 한마디로 사람은 힘을 얻는다

지금도 잊히지 않는 경험이 있다. 초등학교 4학년 때의 일로, 당시 반 대항 단체 줄넘기 대회가 열렸다.

두 명이 4미터 정도 되는 줄을 돌리고, 다른 사람들은 한 명씩 그 안으로 들어가서 줄을 뛰어넘은 후에 돌고 있는 줄에서 바로 탈출한다. 이렇게 들고 나는 것을 차례대로 반복해서 제한 시간 안에 몇 번을 넘었는지 겨루는 대회다.

초등학생이라고는 해도 연습을 계속하다 보면 줄을 돌리는 속도는 꽤 빨라진다. 속도가 올라갈수록 돌고 있는 줄 안으로 들어가는 타이밍을 잡기가 더 어려워진다. 반에는 운동이 특기인 아이도 있지만 잘 못하는 아이도 있고, 또 남녀 혼성이기도 해서 연습을 시작하고 초반에는 줄이 꽤 느린 속도로 돌아가고 있는데도 줄에 걸리는 아이가 많았다.

그중에서 어떻게 해도 줄 안으로 들어가지 못하는 아이가 있었다.

타이밍을 전혀 잡지 못한 채 점프는 고사하고 줄 안으로 들어가는 것조차 불가능했다. 그 아이의 순서가 올 때마다 흐름이 끊기다 보니 반 분위기는 점점 안 좋아졌다. 누구보다도 그 아이 본인이 멋쩍어하고 있었다.

나는 그 아이의 바로 뒤 순서로 가서 그의 등을 밀어주기로 결심했다. 당시 나는 좋은 기록을 내고 싶다, 다른 반을 이기고 싶다는 생각밖에 없었고, 사실 그 아이의 심정을 헤아릴 생각은 전혀 없었다. 몇 번이나 등을 밀어주다 보니 점점 타이밍을 잡을 수 있게 되었고 전체적인 흐름도 매끄러워졌다. 단체 줄넘기 대회가 끝나고 어느 정도 시간이 흐른 후, 하루는 도덕 수업 시간에 '최근 기뻤던 일'을 주제로 발표가 진행되었다. 내가 등을 밀어 준 그 아이의 발표 순서가 되었을 때 그는 눈시울을 붉히며 말했다.

"모두에게 폐를 끼친다는 생각에 괴로웠다. 하지만 등을 밀어줘서 정말 기뻤다. 고마워."

그 아이는 그해 연말, 한 해를 되돌아보는 문집에도 이 에피소드를 썼다. 그 정도로 기뻤던 일이 아니었나 싶다.

순수하게 그저 이기고 싶다는 생각에 등을 밀어 준 행동이 이렇게도 다른 사람의 인생에 영향을 줄 수 있구나 하고 나에게도 잊을 수 없는 경험이 되었다.

그리고 동시에 누군가에게서 듣는 '고맙다'라는 진심 어린 말이 이렇게도 용기를 북돋아 줄 수 있다는 사실도 배웠다.

심리학자인 알프레드 아들러Alfred Adler에 따르면, 인간은 공동체에 공헌하고 있을 때 행복을 느낀다고 한다.

공동체란 나라는 개인을 넘어선, '우리'라는 단위를 가리킨다. 예를 들어 '가족'은 평소 우리가 접하는 가장 가까운 공동체다. 가족이라는 공동체에서 한 단계 나아가면 학교, 회사 등의 일원이 되어 또 다른 공동체를 형성한다.

더 나아가면 지역 사회의 일원으로서 포함되는 공동체(예를 들어 '○○시 시민' 등)가 있다. 그다음은 '국민'이라는 공동체다. 어떤 차원의 공동체를 선택할지는 개인의 자유지만, 어느 쪽이든 공동체에 공헌하고 있을 때 행복을 느낀다고 아들러는 설명한다.

자신이 가족에 공헌하고 있다, 회사에 공헌하고 있다, 지역 사회에 공헌하고 있다, 국가에 공헌하고 있다고 실감할 때 행복을 느끼는 식이다. 공동체에 공헌한다는 딱딱한 표현을 쓰면 무슨 말인지 이해하기 어려울 수 있겠지만, 간단하게 말해서 '누군가를, 무언가를 위한 일이 되었다' 하고 실감하게 되는 때다. 즉 누군가에게 '고마워'라는 말을 들었을 때 자신이 공헌했다는 사실을 실감하고 행복을 느끼는 것이다.

'고마워'는 단지 자신이 행복을 느끼기 위한 말이 아니다. 다른 사람에게도 충분히 행복을 전해줄 수 있는 말이다.

아들러는 아이를 쉽게 칭찬하면 안 된다고 주장한다. 그 대신 사용해야 하는 말이 바로 '고마워'다.

예를 들어 엄마가 아이와 함께 병원에 갔다고 하자. 의사와 제대로 이야기를 나누고 싶은 엄마는 진료를 받을 때 제발 아이가 조용히 있어 주길 바랐다. 그리고 진료를 받는 동안 아이는 엄마 옆에 조용히 앉아 있었다. 이 경우라면 대부분의 엄마는 아이를 칭찬할 것이다.

"얌전히 앉아서 잘 기다리고, 대단하네!"

아들러는 이렇게 칭찬하는 대신에 '고마워'라는 단어를 사용하라고 말한다.

"얌전히 있어 준 덕분에 의사 선생님이랑 차분히 이야기 나눌 수 있었어. 고마워!"

이 커뮤니케이션의 경우 아이의 마음속에 '내가 엄마의 시간에 공헌했다'라고 하는 경험이 남는다. 그리고 그 결과 자신은 여기에 있어도 되는 사람이고, 가치 있는 사람이라는 생각이 자라나서 행동할 용기를 갖게 된다는 것이 아들러의 설명이다.

공동체에 공헌하고 '고마워'라는 말을 들었을 때 사람은 자신의 존재 가치를 느끼고 행동할 용기를 갖게 된다. '고마워'라는 말은 돌고 돌아 상대방에게 행동할 용기를 준다.

다시 말하지만, 이 세상에서 사람과 사람 사이의 관계를 피하며 살 수는 없다. 그 와중에 무언가 행동에 옮긴다는 것은 매우 용기가 필요한 행위다.

하지만 자신이 상대방에게 하는 말이 그 사람의 용기를 끌어낼 수 있다. 말 한마디로 상대방이 행동에 나설 수 있는 계기를 만들어 줄 수 있다.

사람을 행복하게 하려는 사람은 행복하다

앞서 등장했던 AI 연구자의 개발 테마는 'AI는 인류를 행복하게 할까'이다. 원시 시대에서 현대에 이르는 동안에 인류가 하루에 소비하는 에너지는 수만 배가 되었다.

하지만 이에 비례해서 행복도 수만 배가 되었을까? 인류가 삶을 영위하면서 개발한 다양한 기술과 최첨단 테크놀로지, AI 등의 목적은 모두 '행복'해지기 위해서다.

애초에 '행복'이란 무엇일까? 거창한 테마로 느껴지지만, AI 연구자와 나누는 대화의 중심은 '행복이란 무엇인가?'였다. 그는 방대한 양의 인간의 생체 데이터를 수집하고, 본인의 생체 데이터도 10년이 넘는 기간에 걸쳐 계속 기록해 오면서 과학적인 접근을 통해 인간의 '행복'에 대해 밝히려는 시도를 하고 있었다. 긴 세월 연구한 결과, 행복이란 무엇인가 하는 질문의 답은 '알 수 없다'로 결론지

어졌다.

행복이란 사는 지역, 나이, 당시의 사회 정세에 따라 그때그때 바뀌고, 사람이 행복하다고 느끼는 요인에는 변수가 너무 많기에 결론적으로 '알 수 없다'에 도달했다고 한다. 대신 그보다도 더 흥미로운 연구 결과를 부수적으로 손에 넣을 수 있었다.

그것은 '사람을 행복하게 하려고 하는 사람은 행복하다'라는 사실이다.

타인에게 무언가 공헌을 하고 좋은 영향을 주고자 하는 사람은 대체로 행복도의 레벨이 높다는 사실을 발견했다. 타인에 대한 공헌을 통해 행복을 느낀다는 사실이 이 연구를 통해서도 증명된 것이다.

반대로 이야기하면, 어떤 사람에게 '타인을 위해 공헌하고 있다'라고 실감하게 해 준다면 행복감을 불러일으키는 것도 가능하다는 말이다. '고맙다'라는 말은 상대방의 공헌감을 키우는 동시에 행복을 느끼게 할 수 있는 말이다.

승인의 양과 관여의 양은 비례한다

몇 년 전, 하와이에서 한 회의에 참석한 적이 있다. 영어로 진행되는 회의였기 때문에 나는 내용을 두루뭉술하게 이해할 수밖에 없는 상황이었다. 그 와중에도 어떻게든 질문하고 싶은 부분이 있어서 "I have a question." 하고 용기를 내서 발언했다. 질문이 끝난 후 주최자는 내 눈을 보며 이렇게 답했다.

"훌륭한 질문이네요. 이 자리에 새로운 깨달음과 토론의 관점을 제공해 주셔서 감사합니다."

그는 질문의 내용 자체가 아니라 질문을 하는 내 용기를 최대한으로 승인해 주었다. 그리고 나는 그다음 회의에도 끌려들듯 참석하게 되었다. 그 자리에서 승인받은 것을 계기로 회의에 대한 참여

의욕은 더욱더 강해졌다.

'승인의 양과 관여의 양은 비례한다'는 그 회의의 주최자가 한 말이다. 그는 말뿐만 아니라 실제로 승인을 통해 내 관여를 늘려 보였다.

이 경험은 매우 중요한 교훈이 되어 내 안에 새겨졌다.

상대방에 대한 승인의 중요성을 알고 있어도 실제로 상대를 승인할 수 있는 사람은 드물다. 그 이유는 대부분의 사람들이 구체적으로 어떻게 승인을 해야 하는지 그 방법에 대해 배운 적도 없고, 자신이 승인받아 본 경험도 많지 않기 때문이다.

승인은 상대방을 칭찬하는 것과는 다르다.

비슷한 점도 많고 유사한 개념이라는 것은 틀림없는 사실이다. 하지만 승인과 칭찬은 명확히 다르다.

승인이란 상대방의 존재, 언행, 변화, 성과를 인정하는 것이고, 칭찬이란 상대방의 행동이나 성과에 대해 평가하는 것이다.

구체적으로 어디까지가 승인이고 어디부터가 칭찬의 행위인지는 반복적으로 상대방에게 계속 말을 던지다 보면 구분이 되기 시작한다.

처음에는 상대방을 칭찬하는 것부터 시작해도 좋다.

승인력을 높이기 위해 구체적으로 어떻게 하면 되는지 2가지 비법이 있다. 첫 번째는 대화할 때 '어떤 상황에서도 상대방이 이기게 한다'라는 마음가짐을 갖는 것이다.

예를 들어 지인과 한참 대화하다가 정신을 차려 보니 줄곧 내 얘기만 하고 있었다고 하자. 그때 대부분의 경우 "미안해요! 계속 내 얘기만 했네" 하는 식으로 사과가 메인이 된다.

그것은 상대방이 이기게 하는 것이 아니라 자신을 낮춰서 상대적으로 상대방을 높이는 것이다.

그렇게 하지 말고 상대방'만' 높인다.

"○○ 씨가 얘기를 너무 잘 들어줘서, 나도 모르게 말을 너무 많이 했네요."

이런 식으로 상대방 쪽만 높여 준다. 어떠한 경우라도 상대방이 이기게 한다. 이는 일상의 소소한 상황에서도 폭넓게 활용할 수 있다.

예를 들어 엘리베이터에서 내리는 상황에서 먼저 내리라는 말을 들었을 때 "죄송합니다"라고 말하면 안 된다. 그때는 "고맙습니다"라고 말하고 먼저 내린다. 자신을 낮추는 것이 아니라 상대방만을 높여 준다.

음식점에서 젓가락을 떨어뜨려서 직원이 바로 새 젓가락을 가져다주었다면 "죄송합니다. 젓가락을 떨어뜨려서……"가 아니라, "어떻게 바로 아시고 젓가락을 새로 가져다주셨네요. 감사합니다"라고 말한다. '죄송합니다'는 대화에서 사교성을 구성하는 중요한 말이긴 하지만, 별생각 없이 쓰고 있던 이 말을 하나하나 바꿔 가기만 해도 승인력은 자연스럽게 올라간다.

빠르게 실천에 옮기고 싶다면, '죄송합니다'라는 말이 나오려고 할 때 억지로라도 '감사합니다'로 바꿔 말해 보자.

두 번째 비법은 무엇이 '없는가'가 아니라, 무엇이 '있는가'에 초점을 맞추는 것이다. 이에 대해서는 앞서 등장했던 아들러가 설명한다.

"당신은 정말 집중력이 없군요!"라고 '없는' 것에 초점을 맞추는 대신, 집중력이 없다면 무엇이 있을까 하는 세계에 초점을 맞추는 것이다.

예를 들어 호기심이 있다고 바꿔 말할 수 있을지도 모르고, 산만력이 있다고 바꿔 말할 수 있을지도 모른다. (그런 말이 있는지 없는지는 모르겠지만.)

모든 것에는 늘 두 가지 측면이 동시에 존재한다. 앞과 뒤, 빛과 어둠, 위와 아래, 성공과 실패 같은 것들은 혼자서는 존재할 수 없다. 양면이 있기에 비로소 존재할 수 있다. '부자'라는 세계도 '빈곤'이라는 세계가 없으면 존재하지 않는다.

하루는 클라이언트의 회사 내 회의실에서 장시간의 회의가 열렸다.

그 회사 빌딩은 밤 8시가 되면 건물 전체의 냉난방 설비가 멈추도록 설정이 되어 있었는데, 이날 회의는 밤 8시가 지나서도 계속 이어졌다. 에어컨이 멈추자 실내 온도는 점점 올라갔고 결국에는 모두가 땀범벅이 된 채로 회의를 이어갔다.

회의가 끝나고 회의실 자료와 회의록 등을 정리하던 직원이 "죄송합니다. 이렇게 더운 상태에서 회의를 하게 돼서. 다음부터는 이런 일 없도록 신경 쓰겠습니다"라고 사과를 했다.

분명 좀 더 좋은 환경에서 회의를 할 수도 있었겠지만, 이 환경에서만 얻을 수 있었던 부분에 초점을 맞춰서 "땀범벅이 된 덕분에 더 기억에 남는 회의가 될 것 같네요" 하고 대답했다.

그 직원은 "그렇게 받아들일 수도 있겠네요! 그렇게 말씀해 주시니 마음이 놓입니다" 하고 기뻐하는 모습이었다.

주어진 환경에 대해 무언가 부족하다거나 무언가 불만이라고 말하기는 쉽다. 하지만 거기에 없는 것이 아니라 있는 것에 주목하면 전혀 다른 세계를 만들어 낼 수 있다.

가능성에 초점을 맞춘다

'없다'라는 말을 그저 '있다'라는 말로 바꿔 보기만 해도 받아들이는 세계관은 충분히 달라질 수 있다. 예를 들어 "이번 달 목표를 달성하지 못하면 보너스는 안 나온다"는 "이번 달 목표를 달성하면 보너스가 나온다"로 바꿔 말하면 된다. '−하지 않으면 −하지 않는다'는 '−하면 −한다'가 된다.

무언가가 없다는 것은 무언가가 있어서 나오는 결과다. 항상 이러한 측면에서 모든 것을 볼 수 있게 되면 세상과 새로운 관계를 구축할 수 있게 된다. 지금까지 무언가 없다, 모자라다, 부족하다고 생각했던 것이 완전히 새로운 시야가 되어 당신 앞에 나타날 것이다.

하루는 아내와 소바집에서 저녁을 먹었다. 평소 조용한 분위기의 가게로, 이날도 조용히 소바 한 그릇 먹고 집에 가야지 생각하면서

가게로 들어섰는데, 마침 안에는 커플로 보이는 젊은 남녀가 먼저 와 있었다. 둘의 목소리는 아주 컸고 심지어 대화 내용도 그다지 유쾌한 내용은 아니었다.

아내는 무심코 "저 사람들 목소리 너무 크네. 그만 좀 하지. 이런 데서." 하고 나에게 불만을 내비쳤다. 나도 전적으로 동감했지만, 이 부분은 한번 물어봐야겠다는 생각이 들었다.

"조용히 해 달라고 말해 보면 어때? 상황의 피해자가 되지 말고, 상황을 바꾸는 쪽을 선택해 보면?"

"싫어. 괜히 문제 일으키기도 싫고, 안 할래."

이런 상황에서 "조용히 해 주세요." 하고 부탁하는 사람도 있겠지만, 대부분은 그냥 '아, 재수 없네' 생각하고 그만두고 상황의 피해자가 되는 쪽을 선택할 것이다.

나도 무의식적으로 그쪽을 선택하려고 했다. 여기서 나는 아내에게 또다시 질문해 봤다.

"말을 안 할 거라면 선택지는 두 가지겠네. 상황의 피해자가 된 채 소바를 먹거나, 이 상황에서 뭔가의 가능성을 읽어 내거나. 그럼 이 상황, 즉 그들이 시끄럽게 떠들고 있는 데서 어떤 가능성을 읽을 수 있어?"

매우 부자연스러운 대화로 들릴지 모르지만, 실제로 나는 아내와 이런 식의 대화를 자주 나눈다.

아내는 잠시 생각하더니 이렇게 대답했다.

"어쩌면……내가 모르는 젊은 사람들 사이의 정보를 들을 수 있을지도 몰라."

"그러네!" 하고 말하고 우리는 그곳에 머물렀다. 실제로 그들이 시끄럽게 떠드는 상황은 바뀌지 않는다. 그리고 무언가 새로운 정보가 들려올 가능성도 거의 없을 것이다.

하지만 그보다도 이런 상황에서도 가능성을 발견해 낼 수 있다는 사실에 일종의 성취감을 느꼈다. 어떤 상황, 어떤 입장에서도 가능성의 측면은 있다. 어느 정도 훈련이 쌓이면 순식간에 가능성 측면으로 눈을 돌릴 수 있게 된다.

하루는 길을 가다 붕어빵 가게를 발견했다. 하나 사 가야지 하고 주문을 하는데, 점원이 "지금 막 굽기 시작해서 7분 정도 기다려주셔야 해요. 괜찮으실까요?" 하고 말했다. 나는 시간 여유가 있어서 "기다릴게요" 하고 대답했다. 하지만 내 뒤에 줄을 선 사람은 이 말을 듣더니 포기하고 갔다. 나는 붕어빵을 기다리면서 생각했다.

"지금 새로 구워야 해서, 기다려 주셔야 하는데요'가 아니라, '7분만 기다려 주시면 갓 구워낸 맛있는 거로 준비해 드릴 수 있어요'라고 말하는 편이 손님이 기다려 줄 확률이 높지 않을까?'

사소한 말의 표현에 따라 상대방의 행동은 바뀔 수 있다. 말하고 있는 내용은 거의 같고, 실제로 7분을 기다리는 행위도 변하지 않는다.

하지만 '기다리자' 하는 기분이 되어 실제로 행동으로 옮길지 말지는 말 한마디, 말투 하나로 크게 바뀐다. 이렇게 일상 속 작은 장면 하나에서도 우리는 말을 무의식적으로 쓰고 있고, 그 말로 인해 내 앞에 있는 사람의 행동이 결정된다.

없는 것이 아니라 있는 것에 초점을 맞추는 훈련을 계속하다 보면, 말에 신경을 쓰지 않더라도 자연스럽게 상대방이 행동에 옮기고 싶어지게 만드는 말로 대화할 수 있게 된다.

기분 좋은 대화란 무엇인가?

　영어회화 트레이닝 교재 중에서 등록만 하면 실시간으로 온라인 상태에 있는 전 세계의 모든 강사와 회화를 할 수 있는 서비스가 있다. 이 서비스를 통해 영어를 네이티브로 하는 지역 외에도 아프리카, 아시아, 남미, 중동 등 다양한 지역의 강사와 회화를 즐길 수 있다.

　나도 이 서비스를 이용하고 있는데, 트레이닝을 시작한 초기에 나는 매우 큰 발견을 했다. 대화에 들어가면 자연스럽게 인사부터 시작한다. 그중에서 "How are you?", "How are you doing?"과 같이 정해진 문구가 있다. 엄밀히는 뉘앙스가 조금 다르지만 둘 다 "어떻게 지내? 컨디션은 어때?"라는 문맥의 질문이다.

　나는 당연히 "I'm good, and you?(난 좋아. 너는?)" 하고 묻는다. 여기서 꽤 많은 외국인들은 "Thank you for asking……" 하고 대

화를 이어간다. Thank you for asking(물어봐 줘서 고마워)이다. 물론 이 표현이 인사의 정형문이라는 사실은 알고 있다. 하지만 만약 이 대화를 그대로 우리말로 바꿔 진행해 보면 꽤 부자연스럽다.

"안녕? 컨디션은 어때?"
"물어봐 줘서 고마워. 아주 좋아. 너는?"

적어도 나는 우리말로는 이런 대화를 들어본 적이 없다. 하지만 영어로 처음 들었을 때는 이 얼마나 아름다운 대화인가 하고 크게 감명받았다.

"How are you?(어떻게 지내?)"라고 물었을 뿐인데 "Thank you for asking(물어봐 줘서 고마워)"이라는 답을 받는다. 이것만으로 묘하게 기분이 좋아진다. 나는 이 표현을 정말로 좋아하게 되었다. 어떤 말에 붙여서 'Thank you for asking'을 사용하게 되었고, 결국에는 우리말로도 "오, 물어봐 줘서 고마워!" 하고 말하게 되었다.

이렇게 말하기 시작하면 상대방은 처음에는 아리송한 얼굴을 하지만 익숙해지면 대화의 분위기가 아주 좋아진다. "How are you?(컨디션은 어때?)" 하고 상대방에게 관심을 가지는 것만으로 "Thank you for asking"이라는 감사의 말을 듣는다. 이렇게 하면 상대방에게 관심을 가지려는 마음이 쑥 자라난다.

상대방을 움직이게 하는 마법의 말

상대방의 관심을 끌어내서 상대방을 더욱더 움직이게 만드는 마법 같은 말이 있다.

이 말은 이미 많은 곳에서 쓰이고 있어서 이제는 신선도가 조금 떨어졌지만, 그 효과는 지금도 절대적이다. 바로 '접객의 기본 5가지 말*'이다. 손님을 기분 좋게 만드는 효과 만점 칭찬의 말로 불린다. 그 5가지 말은 다음과 같다.

"역시!"

---

* '접객의 기본 사시스세소'
사…사스가데스네! (さすがですね, 역시!)
시…시리마셍데시타! (知りませんでした, 몰랐어요!)
스…스고이데스네! (すごいですね, 대단하네요!)
세…센스바츠군데스네! (センス抜群ですね, 센스 있으시네요!)
소…소난데스네! (そうなんですね, 그렇군요!)

"몰랐어요!"

"대단하네요!"

"센스 있으시네요!"

"그렇군요!"

이 중에서도 특히 효과가 큰 말은 '몰랐어요!'와 '그렇군요!' 2가지다.

나머지 3가지인 '역시!', '대단하네요!', '센스 있으시네요!'의 경우 각각 '칭찬'의 요소가 강하다 보니 실패할 가능성도 포함되어 있다. 즉 쉽게 생각하고 너무 많이 쓰면 상대방의 흥을 깰 가능성도 없지 않다.

"그렇군요! 몰랐어요!"

이렇게 2가지를 합쳐서 한 번에 쓰면 그 파괴력은 어마어마해진다.

원래 사람은 매 순간 상대보다 잘나고 싶어 하기 마련이다. "몰랐어요!"는 상대방이 이기게 하기에 충분한 말로, 적어도 "아, 그거 알아요. ○○잖아요"라는 말을 듣는 것보다는 훨씬 기분이 좋아지기 때문에 "몰랐어요!"라는 말을 듣는 편이 대화는 더욱더 길게 이어진다.

자신의 능력에 확신이 있고 자신이 다른 사람들보다 뛰어나다고 생각하는 사람일수록 "몰랐어요!"라는 말을 하지 못한다. 접객 관련 업계에서는 대화의 레퍼토리를 늘리기 위해 많은 공부를 하고 다양한 체험을 하는 이들이 있다. 하지만 중요한 손님과의 대화 중에 "아, 그거 알아요"라는 말로 이야기의 흐름을 끊어 버리면 아무 소용 없다.

판매 도구인 지식을 늘렸다고 생각했겠지만, 본래의 일인 대화 그 자체의 맥을 끊기 위한 재료를 늘려 버린 셈이다. 중요한 것은 자신이 떠드는 게 아니라 상대방이 떠들게 하는 것이다. "몰랐어요!"는 상대방을 기분 좋게 떠들 수 있게 만드는 말로, 즐거운 대화 분위기를 형성하는 데 절대적인 효과를 가진다.

이 말의 효과는 물론 접객 일을 하는 사람에게만 한정된 이야기는 아니다. 비즈니스 업계에서도 충분히 활용할 수 있다.

한 회사의 경영 회의에 참관했을 때 회의 참석자 중에서 좀처럼 발언을 하지 않는 사람이 있었다. 발언하지 않는다기보다는 자신을 드러내기를 어려워하는 것으로 판단되었고, 특히 나 같은 외부 컨설턴트에게 마음을 열기 위해서는 시간이 필요한 타입으로 보였다.

그의 취미는 마라톤이었다. 트라이애슬론을 하고 있었기 때문에 장거리를 달리는 것이 일상이었던 나는 시험 삼아 러닝 이야기를 꺼내 보았다. 그는 평상시 하는 트레이닝에 대해 덤덤히 말하기 시작했다.

얼추 이야기를 들은 후에 "오래 달리기 위해서 그런 트레이닝 방법이 있는 줄은 몰랐네요. 또 여러 가지 가르쳐 주세요." 하고 말했다. 그는 처음으로 내 눈을 똑바로 바라보더니 "실은 이런 트레이닝 방법도 있는데……." 하는 식으로 이야기를 더 이어갔다. 다음 달에 다시 만났을 때는 한 달 동안 몇 킬로미터를 뛰었는지, 좋아하는 러닝 코스는 어디이고, 보충제는 무엇을 섭취하고 있는지와 같이 세세한 기록까지 보여 주었다. 그는 자신이 잘하는 영역에 대해 매우 즐겁게 이야기했고 이제 나와의 대화에 대한 허들은 완전히 사라졌다.

나와의 대화가 안전하다는 사실을 그가 인식해 준 덕분에 우리는 일을 하는 데 있어 매우 좋은 관계가 되었다. 거기서 만약 내가,

"아, 그 보충제 알아요. 저는 ○○를 먹고 있는데……"
"그 코스, ○○이죠?"
"저도 한 달에 ○○ 킬로미터 뛴 적 있어요."

와 같이 쓸데없는 힘겨루기를 하려고 했다면 그가 나에게 자신을 내보이는 날은 영원히 오지 않았을지도 모른다.
내 이야기가 아니라 상대의 이야기에 성실하게 관심을 가진다. '몰랐어요'는 그 계기를 만드는 마법의 말이다.

상황을 움직이게 한다

승인의 양과 관여의 양은 비례한다. 상대방을 승인할 수 있게 되고 이를 통해 점점 상대의 관여를 끌어낼 수 있게 되면 상황은 단번에 움직이기 시작한다. 당신이 특별히 무언가 지시하거나 의뢰하지 않아도 그 사람은 그 행동에 관여하고 움직이기 시작한다.

내가 지금까지 만나 온 '우수'하다고 할 수 있는 사람들 대다수는 상황을 움직일 수 있는 사람들이다.

많은 사람이 자아를 우선시해서 자신의 유능함을 증명하는 데 무게를 두다 보니, 상대를 승인하고 상대가 이기게 해야 한다는 사실을 잊어버린다. 그러면 그럴수록 상황은 당신의 독무대가 되고, 그곳에 있는 사람들은 점점 흥이 깨져 간다. 결과적으로 무대는 동력을 잃어 자신이 움직이지 않으면 상황이 돌아가지 않게 된다. 그 결과 당신이 할 일은 늘어나고 점점 자신만이 바빠진다. 당신의 입에서 나오는 말은 "주변은 움직이지 않는다"라는 푸념뿐이고, 당신 자신도 점점 마모되어 본래의 퍼포먼스도 발휘되지 못하게 된다.

자아를 우선시하고 상대방이 이기게 하지 못한 만큼, 상황의 힘을 약화시켜 결과적으로 자신의 퍼포먼스까지 떨어진다. 이는 모두 스스로 불러온 현실이다.

정말 우수한 사람일수록 지는 척을 잘한다. 시합에서는 졌지만 승부에서는 이기는 전략의 중요성을 이해하고 이 자리에서는 지는 척을 하고, 아니, 정확히 표현하면 상대방을 이기게 함으로써 상황을 움직이게 해서 결과적으로 목적을 달성한다.

대화하면서 '이 사람과 대화하면 왠지 기분이 좋다'라는 생각이 들면 그것은 커뮤니케이션에 있어서 상대방 쪽이 한 수 위라는 증거다. 상대방이 기분 좋게 떠들 수 있게 만드는 것은 듣는 쪽의 기술에 의해 이루어진다.

자신의 이야기를 우선으로 하지 않고 상대가 떠들도록 만들 수 있으면 그것만으로 상대방의 관여를 끌어낼 수 있다.

말 한마디로 상대방의 관여를 끌어내고 상황을 움직일 수 있다. 그래서 많은 말을 익히고 자연스럽게 쓸 수 있게 되는 것이 커뮤니케이션에 있어서 중요한 포인트가 된다.

어느 유대인에게서 배운 재미있는 교훈이 있다. '교섭 상황에서는 Talker is Buyer(말하는 사람은 사는 사람)다. 말을 많이 한 자가 결국에는 사게 된다'라는 말이다.

무언가를 팔고 싶을 때 '어떻게 이야기할까'를 무심코 생각하기 마련이지만, 중요한 것은 '어떻게 상대방이 떠들게 만들까'다. 그래서 말을 신중하게 쓰고, 상대방이 '떠들고 싶어지는' 대화를 익힌 자가 상황을 움직일 수 있다.

Action!

♣ 자신을 낮추는 것이 아니라, 상대방을 높인다.

♣ '죄송합니다'를 '감사합니다'로 바꿔 말한다.

♣ '없는' 것에 초점을 맞추지 말고, '있는' 것에 초점을 맞춘다.

♣ '그렇군요! 그건 몰랐어요'라고 말한다.

♣ 자신이 말하는 것이 아니라, 상대방이 떠들게 한다. 그것으로 상황이 움직이기 시작한다.

제7장

자신을 움직이게 한다

세상을 움직이려면 먼저 나 자신을 움직여야 한다.

– 소크라테스(Socrates)

'안다' 보다 '할 수 있다'에 대가는 지불된다

내가 학생이던 시절에는 '주요 5과목'이라는 말이 있었는데, 국어, 영어, 사회, 과학, 수학을 주요 5과목이라 하여 시험에서 이 과목들로 학습 능력을 측정했다.

주요 5과목의 점수는 그대로 성적에 반영되기 때문에 우리는 오직 이 5과목의 성적을 올린다는 룰 아래 자신도 모르는 사이에 경쟁에 참여하고 있었다. 주요라는 말이 붙는다는 것은 다시 말해 주요하지 않은 과목들도 있다는 뜻이다. 바로 체육, 음악, 미술, 가정, 기술의 또 다른 5과목이다.

주요 5과목의 경우 '안다', '이해했다'를 측정의 기준으로 삼는다면, 주요 과목 외의 5과목은 '할 수 있다'를 측정한다.

주요 과목 외의 5과목은 수업 중에는 경쟁이 이루어지지만, 수험이라고 하는 일종의 관문을 통과하는 데 있어서는 경쟁에 나서야 하는 일이 거의 없다. 어디까지나 '주요'한 5과목 만이 경쟁의 대상이 된다.

우리는 오로지 '안다'의 영역을 계속 넓혀가고, 인생에 있어 지위에 영향을 미치는 경쟁에서 이기기 위해 필사적으로 공부에 매진한다. 하지만 어른이 되어 사회에 나가 보면 '아는' 것보다 '할 수 있는' 것에 대한 비중이 갑자기 커지기 시작한다.

뭐든지 알고 이해하고 있는 사람보다 그것을 '할 수 있는' 사람에게 더 큰 가치가 매겨진다.

홈런을 치는 방법을 아는 사람보다 실제로 홈런을 치는 사람의 몸값이 훨씬 높다. 마찬가지로 악기를 연주하는 방법을 아는 사람이 아니라 실제로 곡을 연주해서 감동을 주는 사람에게 더 큰 대가가 지불되는 법이다.

'이해하는' 것, '알고 있는' 것과 그것을 실제로 '할 수 있는' 것 사이에는 생각보다 훨씬 큰 간격이 존재한다.

사실 커뮤니케이션에서도 마찬가지다.

앞서 5장에서도 이야기했듯이 자신이 하는 말은 자기 자신에게는 보이지 않는다.

같은 언어를 써서 말을 하고 있어도 어떤 말로 이 세상을 표현하는지, 상대방에게 어떤 말을 던지고 있는지 자신은 볼 수 없다.

그리고 이러한 말이 퍼포먼스에 결정적인 영향을 미치고 있음에도 불구하고, 많은 사람이 이 중요한 부분을 소홀히 하고 말을 신경 써서 다루지 않는다. 대부분은 '항상 상대방이 이기게 한다', '없는 것이 아니라 있는 것에 초점을 맞춘다'라는 개념을 분명히 '이해'할 수 있다. 그리고 책을 읽거나 누군가에게 듣거나 세미나 등을 통해 배울 당시에는 내용을 '이해'할 수 있기에 자신도 할 수 있다는 생각이 든다. 하지만 앞서 이야기했듯이 '아는' 것과 '할 수 있는' 것 사이에는 사실 큰 간격이 있다.

말을 다루기가 쉽지 않은 이유는 '안다' 바로 옆에 '할 수 있다'가 존재하기 때문이다.

스포츠나 악기에 관해서라면 이야기는 달라진다.

눈앞에서 홈런을 보여 줘도 배트를 손에 쥐기도 전에 벌써 '아니, 이건 무리일 거야'하고 바로 포기할 수 있다. 멋진 피아노 연주 장면을 보고서 '역시 저렇게까지 잘 칠 수는 없어' 하고 피아노를 치기도 전부터 백기가 올라간다. 막상 눈앞에서 보면 '이해했다'고 해도 '할 수 있다'고는 도저히 생각할 수 없다.

하지만 말의 경우, 다른 사람과의 커뮤니케이션 비법을 이해했으면 다음 순간부터 바로 상대에게 그 말을 던질 수 있다. 예를 들어 '고맙습니다'는 상대에게 공동체에 대한 공헌감을 느끼게 함으로써 행동할 수 있는 용기를 만들어 낸다. 이러한 사실을 이해하면 바로 다음번부터 '고맙습니다'를 활용할 수 있게 된다. 실제로 말을 할지 말지를 떠나서, 홈런을 치는 것보다는 압도적으로 간단하게 실행에 옮길 수 있다.

이렇게 '이해하다'와 '할 수 있다'는 거의 세트처럼 붙어 있어서 커뮤니케이션이나 말을 다루는 것의 중요성을 생각하지 않은 채 말을 쓰고 만다.

커뮤니케이션 역시 실제로는 홈런을 치는 것이나 피아노를 연주하는 것과 마찬가지로 '이해하다'와 '할 수 있다' 사이에 간격이 존재한다.

영어를 습득하는 데는 1500시간이 걸린다고 한다. 하루 1시간씩 매일 빼먹지 않고 공부한 지 4년이 조금 지났다. 홈런을 치기 위한 훈련도 4년간 매일 빼먹지 않고 매진한다면 어쩌면 홈런을 칠 수 있게 될지도 모른다. 피아노의 경우도 다르지 않다. 커뮤니케이션 능력을 향상시키고 싶다면 그 출발점은 '홈런을 칠 수 있게 된다'라는 목표가 지금으로서는 절대 불가능해 보이는 것과 같은 그 상태에서부터 시작해야 한다.

커뮤니케이션이나 사람을 승인하는 것이나 상대방의 관여를 끌어내는 방법에 대해 '아무것도 모른다'의 상태에 섰을 때 비로소 모든 말들이 신선하게 다가오기 시작한다.

'고맙습니다'로
상대방의 관여를 끌어낼 수 있을까

승인의 양과 관여의 양은 비례한다. 앞 장에서 설명한 내용이다. 어떠한 상황에서 미안하다고 사과를 하거나 칭찬하는 대신 감사의 말을 전해서 상대가 공헌감을 느끼게 하고 용기를 낼 수 있게 하는 것이다.

그렇다면 정말 '고마워'라는 말로 상대에게 용기를 불어넣어 줄 수 있을까? 구체적으로 살펴보자.

앞서 2장에서 이야기했듯이 하기로 결정했다면 '하나부터 열까지 전부 한다'라는 마음으로 실행한다. 예를 들어 편의점 계산대에서 점원에게 '고맙습니다'라고 말해 본다. 그것은 단순한 '고맙습니다'가 아니다. 상대의 어떤 행동이 나에게 공헌했음을 상대가 실감하게 하기 위한 '고맙습니다'이다.

"도시락을 딱 적당한 온도로 데워 주신 덕분에 맛있게 먹을 수 있었어요. 고맙습니다!"

이렇게 말할 수 있는가? 실제로 편의점에서 이렇게 말해 보려면 꽤 용기가 필요하다. 분명 일상적인 대화는 아니기 때문이다. 어쩌면 좀 이상한 사람으로 보일 수도 있다. 하지만 하기로 결정했다면 처음부터 하나도 빠짐없이 모두 한다. 예외는 없다. 택시를 탈 때도 기사에게 '고맙습니다'라고 말한다. 이것도 그냥 '고맙습니다'가 아니라 택시 기사에게 공헌감을 느끼게 해서 관여를 끌어낼 수 있는 '고맙습니다'를 건넨다.

"목적지만 말씀드렸는데 알아서 가장 빠른 길을 체크해 주셔서, 덕분에 가는 동안 마음 편히 다른 걸 할 수가 있네요. 고맙습니다."

이런 식이다. 이 경우는 편의점에 비해서는 위화감이 덜할 것이다. 택시 기사 입장에서는 그저 할 일을 한 것뿐이지만, 보통은 승객에게 이런 말을 듣는 일이 별로 없다. 하지만 적어도 이런 말을 듣고 기분이 나빠질 리는 없다. 오히려 기분이 좋아져서 무언가 이야기하기 시작할지 모른다.

"아니에요, 프로로서 당연한 일을 한 건데요. 혹시 ○○으로 가고 싶으시면 더 빠른 길도 있어요."

이와 같은 대화로 발전할 가능성도 있다. 이러한 대화를 끌어냈다면 이는 승인에 의해 운전기사가 관여하는 양이 늘어났다는 증거다.

익숙지 않은 상황이라 와닿지 않을 수도 있지만 실제로 '고맙습니다'에 의해 택시 기사의 관여를 끌어낼 수 있다.

편의점 점원이나 택시 기사와 같이 익숙지 않은 사례를 다루는 이유는 사실 커뮤니케이션을 트레이닝할 수 있는 기회가 놀랄 만큼 적기 때문이다.

당신이 만약 기타를 잘 치고 싶다면 집에서 몇 시간이고 연습할 수 있다. 하지만 '고맙습니다' 트레이닝은 누군가와 대화할 상황이 만들어지지 않으면 연습할 수 없다. 하루 중 누군가와 그저 '대화'를 나누는 횟수는 사실 그렇게 많지 않다.

다시 한번 생각해 보길 바란다. 오늘 몇 명과 대화를 했는지.

기타 연습은 하루에 100번 하겠다고 결심하면 할 수 있지만, '고맙습니다'를 하루에 100번 연습하기란 무척 어려운 일이다. 100번의 커뮤니케이션을 발생시키지 않으면 불가능하기 때문이다. 사람이 어떤 동작을 완전히 몸에 익히려면 3000번의 반복이 필요하다고 한다. 하루에 10번씩 의도적으로 '고맙습니다'를 말한다고 했을 때 10개월이 걸린다. 실제로 하루 10번 실천한다고 생각해 보면 굉장한 양이라는 사실을 실감하게 된다.

그렇기 때문에 평소 일상적인 대화를 나누는 대상뿐만 아니라,

편의점 점원과 이야기하는 상황도 연습의 장으로 삼겠다는 기세로 하지 않으면 도저히 몸에 익힐 수가 없다. 커뮤니케이션 연습은 혼자 연습하다 실패하더라도 아무 일도 일어나지 않는 기타 연습과는 다르다. 만약 실패하면 분위기가 꽤 난감해지거나 상당히 민망함을 느낄 수도 있다.

하지만 시도하지 않으면 잘할 수 없다. 나는 29살 때 처음 기타 연습을 시작했다. 처음에는 손가락이 내 손가락이 아닌 것처럼 느껴질 정도로 뜻대로 움직이지 않았다. 움직여야 할 약지가 꿈쩍도 하지 않는 것이다. 엄청난 스트레스를 받았고, 내 몸을 내 마음대로 할 수 없는 부자유를 느꼈고, 꽤 심혈을 기울여 연습했는데도 불구하고 어찌어찌 손가락을 움직일 수 있게 되는 데만 한 달이나 걸렸다. 노래를 하면서 기타를 치는 수준에는 결국 도달하지 못한 채 기타를 그만두고 말았지만, 아마도 그렇게 되기 위해서는 상당한 연습이 필요했을 것이다.

커뮤니케이션도 '왜 이렇게 잘 안 되는 거지'하고 계속 심한 스트레스를 받더라도, 집중하고 의식하다 보면 마침내 조금씩 잘할 수 있게 된다. 아무 의도 없이 자연스럽게 입에서 '고마워'라는 말이 나오고 상대방의 관여를 자연스럽게 끌어낼 수 있게 되기까지는 갈 길이 멀지만, 반대로 말하면 악기와 마찬가지로 도중에 그만두지만 않으면 언젠가 반드시 할 수 있게 된다. (나는 기타를 도중에 그만뒀지만.)

악기를 연주할 수 있게 되기까지의 과정에서는 모든 사람이 '하수'인 시기를 경험한다.

'고마워'의 습득에 있어서도 마찬가지로 '하수'의 시기를 거친다. 하수일 때는 내 말에 상대방이 웃어 버리는 멋쩍은 상황이 생길지도 모른다. 하지만 그 시기를 통과하지 않으면 숙련자가 될 수 없다. 오히려 상대에게 "요즘 왜 그래? 뭔가 엄청 부자연스러워"라는 말을 듣는 쪽이 정답이다.

만약 이런 말을 듣지 못한다면 당신의 커뮤니케이션은 이전과 비교해 아무것도 달라지지 않는다. 오른쪽으로 벗어난 공을 미세하게 왼쪽으로 조정하려고 하는 것이다.

상대가 위화감을 느끼지 않는 정도의 연습은 의미가 없다. 하겠다고 결심했다면 하나부터 열까지, 오른쪽으로 빗나간 공을 다시 왼쪽으로 빗나가게 하듯이 철저하게, 극단적으로, 완벽하게 한다.

이 정도의 강한 스트레스를 스스로 계속 받아들이면서 3000번 반복하고 나면, 당신은 어떤 사람의 관여도 끌어낼 수 있고 상황을 움직이게 할 수 있는 사람이 되어 있을 것이다.

자신의 의지력을 철저하게 '믿지 않는다'

　나는 고등학교 1학년 때, 고시엔(일본 전국 고교야구선수권대회-옮긴이)이 걸린 하계 지역 예선대회의 준준결승에서 끝내기 패배를 당했다.

　무척이나 분했고 마음속으로 '내년에 고시엔에 나갈 수만 있다면 어떤 훈련이든 다 견뎌 낼 거야'하고 맹세했다. 하지만 일주일이 지나자 어떻게 하면 편하게 훈련할까, 다음 쉬는 날에는 뭘 할까 같은 생각만 하게 되었다. 한 달이 지나자 패배의 분함은 어디론가 사라져 버렸다. 졌다는 기억은 물론 남아 있었지만, 그때 느낀 분함이라는 감정은 깨끗하게 싹 지워져 있었다. 혹독한 연습이 주어지면 대놓고 저항하는 지경에 이르렀다. 열기는 완전히 식었다.

　이러한 케이스는 고시엔을 목표로 하는 고등학교 야구선수에 한정된 이야기가 아니다.

공부도, 다이어트도, 금연도, 그것을 '지속하겠다'라고 맹세하고 나서부터 사람은 맥없이, 악의도 없이, 열기를 잃고 행동을 지속하지 않는다.

드물게, 아주 드물게 열기를 계속 같은 수준으로 유지할 수 있는 사람이 있다. 나는 그런 사람이야말로 초인이라고 부른다.

사람의 감정은 어떤 상태가 되었든 시간이 지남에 따라 원래대로 되돌아간다. 기쁘다, 즐겁다, 좋아한다 같은 감정도, 분하다, 괴롭다, 슬프다 같은 감정도, 그 감정이 얼마나 강했든 모두 거의 확실하게 원래대로 되돌아간다.

위로 흔들리든지 아래로 흔들리든지, 언제까지나 그 상태를 유지하기란 매우 어렵다. 그래서 그 상태를 유지하는 사람은 사람의 지혜를 넘어선 사람, 즉 초인이라고 부르고 있다.

나는 내 '의지력', 그중에서도 지속에 관한 의지력을 어떤 타이밍에 완전히 포기했다. 즉 '나는 지속력이 없다' 하고 항복한 것이다.

아무리 강하게 마음먹고 끝까지 해내겠다고 맹세해도 결국 지속해 내지 못하는 나 자신이 지겹게 느껴질 때도 있었지만, '애초에 지속하겠다는 '의지'의 힘을 믿는 것 자체가 잘못된 거 아니야?' 하고 발상을 바꿔 보았다.

지속을 가능하게 하는 것은 의지력이 아니라 무언가 다른 힘이 아닐까.

애초에 감정이나 의지가 지속되는 힘이 비정상이고 원래대로 되돌아가려는 쪽이 정상이지 않을까.

감정이 오래가지 않는 것이 문제가 아니라 감정이 원래대로 되돌아가는 것까지 계산에 넣고 설계하지 않은 데 문제가 있지는 않을까.

나는 의지나 감정의 힘이 아닌 다른 무언가로 지속하는 방법을 시험해 보기로 했다.

초인과의 트라이애슬론

5년 정도 트라이애슬론을 한 적이 있다. 2016년에 처음 철인 경기를 완주한 이래 4년 연속으로 출전해서 완주했다. 철인 경기란 3.8킬로미터의 수영, 180킬로미터의 사이클, 42.195킬로미터의 마라톤을 하루에 진행하는 경기다. 180킬로미터라고 해도 확 와닿지 않을지 모르지만, 대략 오사카에서 나고야 정도의 거리다.

나는 수영은 보통 수준이고, 달리기는 일반적인 러너의 하위 15%에 속할 정도로 느리다. 마라톤에서도 5시간 안에 들어온 적이 없고, 철인 경기의 마라톤에서는 6시간 안에 들어온 적이 없을 정도로 느리다. 그 와중에 사이클 파트 만은 유일하게 특기 분야여서 사이클 연습에 온 힘을 쏟았다.

그렇다고는 해도 실전에서는 180킬로미터의 거리를 자전거로 달려야만 한다. 매일매일 하는 연습에서도 상당한 거리를 달릴 필요가 있다. 대략 90킬로미터를 주 3회 라이딩 하겠다는 계산으로 연습을 한다. 90킬로미터라고 쉽게 말하지만, 이는 도쿄에서 아타미까지의 거리다. 전력으로 달려도 2시간 반은 걸린다.

문제는 일을 하면서 그 시간을 어떻게 짜낼지다. 필시 아침밖에 없다.

새벽 4시에 일어나서 자전거를 차에 싣고 연습 장소로 이동한 후, 거기서 자전거를 조립해서 5시부터 연습을 시작한다. 2시간 반 동안 필사적으로 연습을 하고 7시 반에 끝나면 곧장 집으로 돌아간다. 샤워를 하고 일할 준비를 마친 후 9시에 첫 업무 일정을 시작한다. 이렇게 일과 연습을 병행해 나간다. 저녁에는 러닝이나 수영 연습도 하고, 저녁 회식이 잡혀 있는 날에는 밤늦게 돌아오기도 하지만 다음 날 새벽 4시에 눈을 뜨면 또 사이클 훈련이 기다리고 있다.

이렇게 혹독한 생활을 자신의 의지력만으로 이어갈 수 있을 리 없다.

물론 나도 초반에는 내 의지력으로 지속해 보려고 했다. 새벽 4시에 알람이 울리면 일단은 일어난다. 하지만 5초 후에는 '평소라면 3시간이나 더 잘 수 있는데' 하는 생각을 한다. 게다가 일어나는 쪽을 택해서 차를 타고 연습 장소에 가면 엄청나게 혹독한 연습이 기다리고 있다. 아무리 생각해도 자는 쪽을 선택하게 된다.

그렇게 자는 쪽을 계속 택하다 보니, 연습을 전혀 하지 못하는 날이 이어졌다. 동시에 내 약한 의지에 질려 가고 있었다. 의지력을 완전히 포기한 나는 '약속'의 힘을 이용해 자신을 움직여 보기로 했다.

선배 중에 그야말로 '초인'이라고 불릴만한 사람이 있다. 그는 만약 전날에 새벽 1시까지 일을 했더라도 반드시 5시에 연습 장소에 나타난다. 무슨 일이 있어도, 만약 혼자서 한다고 해도, 기계처럼 정확한 시간에 나타나서 계획대로 연습한다.

나는 그와 연습 약속을 했다. 4시 알람이 울렸을 때, 내 의지력으로는 이불 속에 머무르려고 하는 끌어당기는 힘에 지고 말았지만, 5시의 약속에 그가 기다리고 있을 거라 생각하면 움직이지 않을 수 없다. 물론 몸은 저항하고 있지만 약속을 한 건 나 자신이다. 나는 약속을 깨는 것에 대해 스스로 매우 저항을 느끼는 타입이라는 사실을 알고 있기에 반대로 그 힘을 이용했다.

5시, 훈련이 시작된다. 실제로 시작되어 버리면 그다음은 하기만 하면 된다. 아무리 힘들어도 지금부터 다시 이불 속으로 돌아가서 더 자고 싶다는 생각은 들지 않는다. 힘들게 나왔으니까 제대로 연습하자는 생각이 든다. 7시 반, 90킬로미터의 사이클 연습을 끝내고 머릿속에는 '아, 정말 오길 잘했다. 알차게 연습하고 나니 아침부터 기분도 상쾌하다' 하는 생각이 가득 찬다. 아침에 일어나면서 아무리 기분이 우울했더라도 막상 연습을 끝내면 정말 상쾌한 기분을 느낄 수 있다.

일반적인 생각으로는 새벽 4시에 일어나서 하는 하드 트레이닝 같은 건 절대 상상할 수 없다. 그렇다, 상상도 할 수 없기에 생각하지 않은 것이다. 생각이라는 걸 한다면 당연히 '잔다' 쪽을 선택할 것이기 때문이다.

그래서 약속의 힘을 이용해 스스로를 움직이도록 전략을 바꿨다.

결코 의지력으로 지속하는 것이 아니라, 약속의 힘으로 행동만을 지속하게끔 설계한 것이다.

의지력이든 약속의 힘이든 행동이 지속될 수 있으면 무엇이든 좋다. 의지가 약하든 어떻든 새벽 5시에 연습 장소에 와 있기만 하면 된다. 자신의 의지력을 믿는 대신에 다른 힘을 이용해서 나는 행동을 지속할 수 있었다. 덕분에 사이클 파트 만은 프로 수준의 기록을 낼 수 있게 되었다.

열기가 있는 동안에 강제력으로 바꾼다

새로운 사고방식을 익혔다고 해도 행동으로 이어지지 않으면 아무것도 바뀌지 않은 거나 마찬가지다. 행동을 바꿨다고 해도 그 행동이 지속되지 못한다면 결국은 원래의 자신으로 되돌아간다. 즉 자신이 바뀌는 것은 행동을 어떻게 시작하고, 그 행동을 어떻게 지속할 수 있을지에 달렸다.

앞서 이야기했듯이 의지력으로 행동을 지속하려고 해도 모든 감정은 결국 시간의 흐름에 따라 원래대로 되돌아간다. 무엇을 지속하고자 할 때는 감정에 따라 행동하는 것이 아니라, 다른 힘을 이용해서 행동에 옮기는 방식으로 스스로를 움직이게 한다. 그렇다, '자신을 움직이게 한다'라는 감각으로 이 '지속'이라는 것과 마주해 보면 새로운 방법이 보이기 시작한다.

여기서 자신을 움직이게 하기 위한 비법이 3가지 있다.

첫 번째는 감정을 강제력으로 변환하는 것이다. 감정이 식기 전에 약속으로 바꾸면 그것이 잠재력이 되어 행동을 지속시킨다. 무언가를 하고자 하는 충동이 일어난 바로 그 순간에 미래 자신의 행동을 결정해 버리자.

예를 들어 외국인과 대화를 했는데 생각만큼 말을 잘하지 못했다고 하자. '올해는 꼭 영어 회화 실력을 키워야지!' 하고 의지를 다지는 것까지는 좋은데, 결국 무엇부터 시작해야 좋을지 모른 채 우왕좌왕하는 사이 영어에 대한 열기는 식어 버리고 3일 정도 지나면 결국 원래대로 돌아간다.

열기가 있을 때 그 자리에서 바로 영어 회화 학원의 체험 클래스를 신청해 버리면, 만약 3일 후에 그 열기가 식어 버리더라도 체험 클래스의 날은 반드시 찾아온다. 열기가 식어 버린 후에는 체험 클래스를 신청하는 행위 자체가 귀찮아지므로 결국 아무것도 하지 않게 된다.

이러한 체험 종류는 열기가 있을 때 3가지 정도 동시에 신청해 두는 방법도 좋다.

내 경우 '체험 클래스 한 번 정도로는 결정하기 힘들다'라는 핑계를 대면서 이래저래 결정하지 못할 게 뻔하다. 그런 핑계를 처음부터 배제하기 위해서는 '3가지 중에서 하나는 반드시 시작한다'라고 정하고 실행에 옮긴다. 그렇게 하면 '영어 회화 실력을 키우겠다!' 결심하고 2주 후에는 이미 영어 공부를 시작했을 확률이 매우 높다.

몇 년 전 아내와 함께 상해에 갔다. 현지에 있는 친구가 그 지역에서 회사를 경영하고 있는 지인들을 여럿 소개해 줘서 다 함께 식사를 하게 되었다.

그들은 주로 중국어로 대화를 나눴고, 우리와 이야기할 때는 서로 어설픈 영어를 사용해 대화했다. 호텔로 돌아가서 아내에게 "내가 만약 중국어를 할 수 있게 되면 세계가 무척 넓어질 것 같아." 하고 별생각 없이 말했고, 그날은 그렇게 잠이 들었다.

다음 날 아침, 아내는 바로 중국어 체험 클래스를 신청했고, 일본에 돌아가자마자 그 일정이 나를 기다리고 있었다. 어차피 일본에 돌아가면 어느새 이 생각도 분명 지워져 버릴 것이다. 그리고 일본에 돌아간 후에 일부러 체험 클래스를 찾아서 신청할 가능성은 거의 없다고 하는 내 성격을 아내는 알고 있기에 중국에 있는 동안에 신청한 것이다.

일본에서 생활하면서 중국어를 쓸 만한 기회는 거의 없다. 하지만 이 체험 클래스를 계기로 갑작스럽게 중국어가 내 삶 속으로 파고들어 왔다.

모처럼의 기회를 살리기 위해 중국어 수업을 지속하기 위한 모든 수단과 방법을 동원했고, 2년 이상 지속하는 데 성공했다. 덕분에 나는 중국어를 할 수 있게 되었다.

정말 오길 잘 했다. 갑자기 삶에 들어온다

약속에는 2가지 방식이 있다.

첫 번째는 지금까지 설명한 바와 같이 행동의 개시를 약속하는 방식이다. 열기가 있는 동안에 약속을 만들어 버려서 미래에 그 행동이 거의 확실하게 일어나도록 한다. 이 방법은 순발력이 매우 좋아서 익숙해지면 온갖 체험을 자신의 인생으로 끌어들일 수 있게 된다.

예전에 선배 경영자와 네덜란드로 여행을 갔을 때, 저녁 식사를 하면서 "이제 슬슬 차를 사고 싶다는 생각이 드네요." 하는 이야기를 무심코 했다. 그러자 그가 "지금 전화해서 시승 예약해. 그리고 시승한 다음 바로 사." 하고 제안을 했고, 나는 반강제로 일본으로 전화를 걸게 되었다.

전화 연결이 되자마자 선배는 내 휴대전화를 가져가더니 "이 사람 시승하고 나서 바로 차를 살 거예요. 만약 사지 않으면 저한테 전화 주세요." 하고 약속을 잡아 버렸다. 그 탓(덕분)에 다음 달에는 '슬슬 사고 싶다고 생각하던 차'가 출고되었다. 비슷한 이야기로, '언젠가 이집트에 가 보고 싶다'의 '언젠가'가 영원히 오지 않을 것을 알고 있기에 그 자리에서 항공권을 예매한다. 그러면 이집트에 가고 싶다는 열기가 남아 있든 남아 있지 않든 약속한 그날은 반드시 찾아온다.

'언젠가'는 뒤로 미뤄지기 쉽다. 그리고 그 사이사이에 온갖 일정이 먼저 꽉 차 버리기 때문에 '언젠가' 하고 싶은 일은 결국 영원히 찾아오지 않는다.

그러므로 열기가 있는 지금 약속을 잡아 버려야 한다. 그러면 '언젠가' 해야지 생각하고 있던 그것은 반드시 찾아온다.

하고 싶은 일의 '결과'를 먼저 정해 둔다

두 번째는 행동에 대한 성과를 약속하는 방식이다. 이 방식은 난이도가 조금 높다.

예를 들어 읽고 싶은 책을 발견했는데, 이대로 가다 보면 아마도 읽지 않고 끝나 버릴 것으로 예상된다고 하자.

이럴 때는 친구 3명 정도에게 "재미있는 책을 발견했는데, 이 책 선물해 줄 테니까 3일 후에 다 같이 모여서 30분만 책에 대한 감상을 공유하면 어때?" 하는 식으로 끌어들여 본다. 스스로의 의지로는 뒤로 미루기 쉬운 독서라는 행위가 자신의 의지 밖에서 움직이는 강제력이라는 힘에 의해 실행된다.

예전에 친구들 사이에서 재즈를 해 보자는 이야기가 나왔다. 나는 그때까지 재즈는커녕 음악조차 전혀 해 본 적이 없었다. 악기는 리코더만 간신히 불 수 있는 정도다.

그러던 중 "두 달 후에 이 재즈 클럽에서 잼 세션에 참가할 거니까." 하는 식으로 약속이 정해져 버렸다. 애초에 재즈 클럽은 뭐고 잼 세션은 뭔지 모르는 것투성이였지만, 아무튼 두 달 후에 그런 게 진행된다는 말이다.

바로 재즈 클럽에 가서 잼 세션이 대체 뭔지 한번 봤더니, 이건 도저히 아마추어가 참가할 수 있는 수준이 아니라는 사실을 알게 되었다. 하지만 두 달 후 잼 세션은 반드시 찾아온다.

나는 다급히 악기(기타)를 사서 레슨 예약을 했고, 어떻게든 기타 연주를 할 수 있도록 연습했다. 두 달 후, 누가 봐도 초심자의 연주이기는 했지만 무사히 잼 세션에 참가할 수 있었다.

완성도야 어찌 되었든 이 체험 덕분에 재즈란 무엇인지, 어떻게 즐기는 것인지를 알게 되었고 인생의 새로운 즐거움을 얻었다. 원래 인생에서 절대 만날 리 없었던 것들을 어떤 종류의 강제력에 의해 다양하게 만날 수 있는 법이다. 머리로 생각하고 시작할 계기를 기다리고 있어도 영원히 오지 않는다. 조금이라도 열기가 있는 동안에 약속이라는 형태로 바꾸고 강제력에 의해 행동하기로 결정한다면, 자신의 의지력이 아닌 곳에서 행동은 지속되기 쉬워질 것이다.

하고 싶을 때는 5초 안에 시작한다

　자신을 움직이게 하기 위한 비법 두 번째는 행동을 구조화해 버리는 것이다.

　이 역시 왜 하게 되었는지는 아직도 미스터리인데, 어느 날 갑자기 '한 달 안에 겐다마(줄로 연결된 공을 막대에 끼워 넣는 일본의 전통 놀이-옮긴이) 기술 연마'라는 기획이 만들어졌다. 한 달 후에 도메켄(겐 끝에 구슬을 넣는 기술)을 완벽하게 할 수 있게 만든다는 것이다. 보통 삶 속에 겐다마가 들어올 일은 없다. 연습하고 싶다는 생각조차 들지 않는다.

　그러던 어느 날 아침, 일하러 나가기 위해 현관에서 구두를 신으려고 했을 때 구두 안에 겐다마가 꽂혀 있는 것을 발견했다. 그때 아내가 오더니 "도메켄 다섯 번 성공할 때까지 집을 나갈 수 없다는 룰을 만들었어요" 하고 말했다. 아내가 일부러 생각해 준 건데

초를 칠 수는 없다. 급히 서두르던 마음을 가라앉히고 어떻게든 도메켄을 다섯 번 성공한 후 집을 나섰다.

그날 밤, 회식이 끝나고 집으로 돌아가니 현관 슬리퍼 안에 겐다마가 꽂혀 있었다. 그때 또 아내가 다가와서 "도메켄 다섯 번 성공하지 못하면 집에 들어올 수 없다는 룰을 만들었어요." 하고 말했다. 나는 술에 취한 채로 어떻게든 도메켄 다섯 번을 성공하고 집에 들어갈 수 있었다.

그때부터 매일 집에 들어가고 나갈 때마다 도메켄 연습이 시작되었다.

이렇게 보통은 살면서 절대 하지 않을 법한 일도 생활 습관 속에 끼워 넣으면 할 수밖에 없게 된다. 물론 겐다마 같은 경우, 룰을 깨 버리면 본전도 못 찾는다. 하지만 그 생활을 즐길 수만 있다면 한 달 후에는 확실히 겐다마를 잘 할 수 있게 된다.

이는 겐다마에 한정된 이야기는 아니다. 영어, 다이어트, 금연, 자격시험 등 행동을 지속해서 무언가를 습득해야 하는 경우, 가능한 한 일상생활 속에 끼워 넣다 보면 처음에는 스트레스를 받을지 모르지만, 점점 익숙해지고 자연스러운 일상이 된다. 그렇게 되면 새로운 무언가를 습득할 수 있는 확률이 쑥 올라간다.

참고로 겐다마 연습을 한 달 동안 지속한 결과, 세계 일주라 불리는 기술(소접시→대접시→중접시→겐 끝의 순서대로 구슬을 넣는 기술)을 5

초 안에 할 수 있게 되었다. 겐다마를 잘하게 되어 인생의 폭이 넓어졌냐고 하면 그런 느낌은 전혀 들지 않는다. 어쩌면 아이가 컸을 때 자랑할 수 있을지도 모르지만 그건 아직 먼 이야기다.

무언가 하고 싶다는 생각이 들었을 때 5초 안에 행동으로 옮기면 하기 쉬워진다. 이는 미국에서 엄청난 베스트셀러가 된 멜 로빈스Mel Robbins의 『5초의 법칙』에 나와 있는 가르침이다.

인간의 뇌에는 '항상성(호메오스타시스)'이라는 기능이 있어서 생명 활동을 유지하기 위해 '지금 상태를 유지하는 것'을 우선시하려고 한다. 하지만 뇌가 항상성을 발휘하는 데까지는 5초 정도의 시간이 걸리기 때문에 5초 이내에 행동을 개시하면 이런저런 핑계를 대서 행동을 하지 않는 쪽이 아니라 실제 행동에 옮기는 쪽으로 의사 결정이 이루어진다. 이를 통해 행동이 일어난다는 사고방식이다.

이와 비슷한 사고방식으로 하버드대학의 션 에이커Shawn Achor 박사는 『행복 우위 7가지의 법칙The Happiness Advantage』에서 20초 룰을 설명하고 있다. 에이커 박사에 따르면 인간은 시작하는 데 20초 이상 걸리는 일은 뒤로 미루는 경향이 있다고 한다. 따라서 '그만두고 싶은 습관'이라면 시작하는 데 20초 이상 걸리도록 설정해 두면 된다.

나는 원고 마감이 임박한 상황에서도 아무 생각 없이 스마트폰을 하다가, 정신을 차려 보면 한 시간 넘게 유튜브를 보고 있었다거나 하는 경험이 여러 번 있다. 지금은 절대로 그러면 안 되는 날에는 스마트폰의 전원을 끄고, 최대한 멀찌감치 두고, 여기에 추가적으로 꺼내는 데 시간이 걸리도록 상자 안에 넣어 버린다. 이렇게 하면 스마트폰을 꺼내서 전원을 켜고 유튜브를 열기까지 아무리 빨라도 20초 이상 걸린다.

실제로 이렇게 해 보니 스마트폰을 사용하고 싶은 생각은 거의 들지 않았다.

이 20초 룰을 역으로 이용해서 계속 이어가고 싶은 습관은 20초 이내에 행동이 시작될 수 있도록 설정해 두면 행동을 지속하기 쉽다.

'매일 아침 달리기' 습관을 들이고 싶다면 일어나서 20초 이내에 일단 러닝 복장으로 갈아입을 수 있도록 준비해 두는 식이다. 그 행동의 가장 첫 단계(러닝의 경우 옷 갈아입기)를 20초 이내에 할 수 있게 해 두면 행동이 시작되기 쉽다.

이렇게 자신의 의지가 아니라 행동을 끝없이 구조화해 두면 의지의 영역 바깥쪽에서 행동은 일어나기 시작한다.

자동적으로 피드백을 받을 수 있게 해 둔다

자신을 움직이게 하는 비법 세 번째는 피드백을 받을 수 있는 환경을 만드는 것이다.

나는 한 경영자로부터 "어쨌든 입꼬리가 올라가 있기만 해도 인생은 좋은 방향으로 향한다."라는 가르침을 받았다. 그래서 무조건 입꼬리를 올리기 위해 매일 훈련하기로 했다.

하지만 이 역시 쉽지 않은 것이, 평소 생활하면서 자신의 입꼬리가 어떤 상태인지 볼 일이 없다. 게다가 표정 트레이닝이 되면 하루 중 깨어 있는 동안에는 거의 매초 의식하지 않으면 안 된다.

아무리 생각해도 이 트레이닝에 대해서 금세 잊어버릴 것 같다고 생각한 나는 아내에게 "내 입꼬리가 내려가 있으면 언제 어떤 타이밍이라도 '입꼬리 내려가 있어'라고 말해 줬으면 해." 하고 부탁했다. 그렇게 해서 집에서 일하고 있을 때, 요리하고 있을 때, 운전하고 있을 때 불쑥불쑥 아내가 "저기, 입꼬리 내려가 있어." 하고 말해 주게 되었다. 완전히 의식의 영역 밖에서 말을 듣기 때문에 '아, 지금도 입꼬리 올려야 되나?' 하고 순간적으로 패닉이 되기도 한다. 하지만 부탁한 건 바로 나다. 그 순간에 억지로라도 입꼬리를 올려 본다. 얼굴에 있는 표정 근육도 다른 근육과 마찬가지로 사용하지 않으면 점점 굳는다. 나는 오랫동안 입꼬리를 올리는 것에 대해 의식하지 않았던 만큼 입꼬리를 올리기 위한 근육이 엄청 굳어 있었다. 아내에게 부탁해서 항상 입꼬리를 거의 강제적으로 계속 올린 덕분에 표정 근육의 상태는 극적으로 바뀌기 시작했다.

그로부터 2년 후 '입꼬리를 올린다'라는 조언을 해 준 경영자를 다시 만났을 때, "오, 자네 표정이 많이 바뀌었군! 상당히 자신감이 붙은 것 같은데?"라는 말을 듣게 되었다. 딱 봤을 때 별거 아니라고 느낄지 모르지만 단순한 행동이라도 계속하다 보면 큰 힘이 된다. 그리고 무언가를 계속하려면 자신의 힘뿐만 아니라 다른 사람의 힘을 빌렸을 때 그 가능성이 커진다는 사실도 잊으면 안 된다.

아내에게 한 가지 더 부탁했다. "내가 모든 대화에서 '승인'으로 대화를 시작하지 않으면 바로 지적해 줘."라는 부탁이었다. 여기서 말하는 승인이란 자신의 의견을 말하기 전에 일단 상대방의 의견을 받아들이고 그 의견에 대한 승인을 말로 표현하는 것이다.

나는 경영 컨설턴트라는 직업의 특성상 상대방이 내 의견을 듣게 만들 필요가 있다. 하지만 상대방이 '이 사람의 이야기를 들어보자'

하는 생각이 들지 않으면 내가 어떤 말을 해도 소용없다.

상대방이 내 말을 들어보고 싶게 만들려면 내가 먼저 상대방의 말을 듣고 승인해서 상대로 하여금 '이 사람과의 대화는 안전하다'라는 생각을 갖게 할 수 있는지가 관건이다. 그렇기 때문에 모든 대화에서 '승인'을 할 수 있는지는 내 일에 있어서 사활이 걸린 문제다. 따라서 아내에게 부탁을 하고 그 트레이닝을 시작했다.

하루는 아내와 함께 쇼핑하러 가기로 했다. 어떤 옷을 입을지 정하지 못하고 있던 아내가 "이 옷이랑 이 옷 중에 뭐가 나은 것 같아?" 하고 물었다.

나는 반사적으로 "이 밝은색 옷이 좋지 않아?" 하고 제안했다. 그 말을 들은 아내는 "저기, 승인이 없는데." 하고 지적했다. 나는 아차 싶어서 다시 말했다. "그 두 가지 중에서 고민이구나. 둘 다 좋은데. 음, 내 의견은 밝은색 옷이야"라고 다시 말했다. 이게 정답인지 아닌지는 알 수 없다. 하지만 이런 방식으로 모든 대화에서 먼저 상대방을 한 번 승인한다고 하는 프로세스를 철저하게 트레이닝했다.

그 결과 많은 사람과의 대화에서 스트레스가 감소했고, 상대가 진심을 말해 주게 되었고, 내 이야기도 정말 잘 들어 주게 되었다.

자신의 행동을 바꾸고 싶어도 그렇게 간단히는 바뀌지 않는다.

왜냐하면 지금까지 당신을 만들어 온 하루 3만 5천 번의 의사결정과 그 결정에 따른 행동의 역사는 어제오늘 문득 생각이 떠오른 새로운 행동으로 금방 다시 덧칠할 수 없기 때문이다. 정신을 차려 보면 거대한 끌어당기는 힘에 휩쓸려 새로운 것을 하고 싶다는 감정도, 행동도, 습관도 점점 사라져 간다.

그래서 자신의 힘이 아닌 강제력, 구조, 타인의 힘으로 자신을 움직이게 하다 보면 새로운 습관, 즉 새로운 인생은 저절로 손에 들어오게 된다.

성과는
'바로 나오지 않는다'는 사실을 기억한다

행동의 지속에 관해 잊어버리면 안 되는 사실이 한 가지 더 있다. 그것은 행동을 시작하고 나서 성과로 바뀔 때까지는 시간차가 발생한다는 사실이다.

다이어트를 할 때는 오늘 하루 아무것도 먹지 않으면 내일 분명 체중이 줄어 있을 것이다. 하지만 이는 일시적인 성과지 본질적인 성과가 아니다.

체중 감소만이 목적이 아니라, 그걸 넘어 건강한 몸을 갖게 되는 것이 진짜 목적이라면 식생활을 개선하고 운동 습관도 들이는 등 진정한 의미에서 갖고 싶은 몸에 가까워지기 위해 그에 걸맞은 시간이 필요하다. 하지만 자신의 몸이라는, 어떤 종류의 컨트롤하기 쉬운 목표라면 어느 정도 계산이 서기 때문에 변화를 느끼기 쉽다.

하지만 말이나 커뮤니케이션 방식을 바꿔서 인간관계에 변화를 가져오고 싶다는, 눈에 보이기 힘든 목표는 그 변화를 알아차리기 어려워서 자신이 발전하고 있는지 어떤지, 성과를 내고 있는지 어떤지 알기 어렵다. 이러한 경우 행동을 지속해서 성과를 내기까지 3개월은 걸린다.

이 사이에 행동을 지속하는 것 자체에 질려 버리거나, 성과가 나오지 않는다고 판단해 행동 그 자체를 그만두고 마는 경우가 많다. 하지만 그렇게 알기 쉽게 성과가 나오는 거라면 이 세상에 '성공하기 위한 책'이 이렇게나 많이 넘쳐날 일도 없다.

성과는 간단히 나오지는 않는다. 하지만 계속하다 보면 틀림없이 나온다.

그것은 알기 쉬운 성과로서가 아니라, 되돌아봤을 때 '분명 예전의 나와는 확실히 달라졌다'와 같은 식으로 슬쩍 나온다. 알기 쉬운 성과를 바라는 것이 아니라 행동 그 자체에 몰두하고 계속 이어갈 수 있는지가 최종적으로 큰 성과를 손에 넣는 열쇠가 된다.

♣ '안다'와 '할 수 있다'의 차이는 생각보다 훨씬 크다.

♣ 하기로 결심했다면 하나도 빼놓지 않고 전부 한다. 예외는 없다.

♣ 주변에서 "요즘 왜 그래?"라는 말을 들을 정도로 확실히 행동한다. 주변 사람들이 위화감을 느끼지 않는다면 당신은 변화하지 않은 것이다.

♣ 지속에 있어서는 자신의 의지력을 신뢰하지 않는다.

♣ 열기가 생긴 순간, 행동에 옮길 예정을 강제적으로 만든다.

♣ 행동에 옮기고자 한다면, 5초 안에 시작할 수 있는 구조를 만든다.

♣ 다른 사람에게 피드백 받는 구조를 만든다. 자신의 힘이 아니라 타인의 힘을 빌린다.

제8장

자신의 '존재 방식'을 결정한다

나는 나를 둘러싼 환경의 산물이 아니다.
내 의사결정의 산물이다.
– 스티븐 코비(Stephen Covey)

성공할 용기를 갖는다

"자신이 성공하도록 허락해 줘. 너는 스스로 성공하는 걸 허락하지 않고 있어."

나 자신을 개혁하기 위해 쓰는 말을 바꾸고, 행동을 바꾸고, 온갖 스트레스를 받아들이고 있음에도 불구하고 전혀 성과가 나오지 않는 날들이 이어지고 있었다. 이 말은 그 시기에, 앞서 소개한 '전철을 타지 말라'는 말을 했던 경영자에게 들은 말이다.

'자신이 성공하도록 허락하지 않고 있다'라는 말은 대체 어떤 의미일까. 그 말을 이해하기까지는 시간이 조금 걸렸다.

심리학자인 알프레드 아들러는 '목적론'을 강조했다. 현재의 행동은 과거의 원인 때문이 아니라 미래의 목적에서 야기된다는 사고방식이다.

예를 들어 '은둔형 외톨이'는 과거 사람과의 교류에서 생긴 자신의 트라우마가 원인이 되어 나타났다고 해석하는 것이 아니라, '사람을 만나고 싶지 않다'라는 목적을 달성하기 위해 '은둔형 외톨이'라는 증상을 만들어 냈다고 하는 식이다.

스스로가 잠재적, 그리고 본질적으로 바라고 있는 방향을 따라 무의식적으로 행동은 일어난다. 그리고 그 행동이 결과를 불러일으킨다. 다른 말로 하면, 지금 눈앞에서 일어나고 있는 결과는 모두 자신이 바랐던 대로 나타난 결과라는 말이다.

나는 짚이는 데가 꽤 있었다. 냉정하게 과거를 돌아봤을 때, 나는 진정으로 프로야구에서 '성공하고 싶다'라는 생각이었을까. 어딘가에서 열심히 연습하고 있는 나, 2군에서 발버둥 치고 있는 나, 외골수로 노력하고 있는 나 자신에 취해서 거기에 만족하고 있었던 건 아닐까.

1군의 세계에서 진지한 승부의 무대에 올라 그곳에서 확실한 결과를 내는 것보다도 '2군의 희망'으로 있는 편이 훨씬 더 즐거웠다. 그 녀석은 기회만 주어진다면, 시기만 잘 맞으면 분명 활약할 수 있을 거라는 말을 듣는 쪽이 자존심도 지킬 수 있어서, 결과로 보여주지는 못할지언정 어떤 의미에서는 편안하게 있을 수 있다. 사실 심층 심리에서는 이걸 바라고 있던 것이 아닐까.

나 자신의 경험도 포함해서 말할 수 있다. 아무리 노력해도 결과가 나오지 않는다면 당신이 그러길 바라고 있었기 때문임이 분명하다. 결과가 나오지 않는 쪽의 미래를 스스로 바라고 선택한 것이다. 왜냐하면 그쪽이 자신에게 오는 이익이 크기 때문이다.

결과로 나타나지 않아도 좋고, 그저 묵묵히 노력하는 포지션을 유지할 수 있는 쪽이 편하기 때문이다. 이러니저러니 해도 잠재적으로는 지금 그대로의 자신이 좋아서 바뀌지 않는 편이 낫다고 생각하고 있는 것이다. 성공의 과정에서 발생하는 리스크, 책임을 져야 하는 어려움, 자기변혁에 따르는 스트레스를 받아들이기가 무서운 것이다.

정말 결과를 내고 싶다면 자신이 성공하도록 허락하지 않으면 안 된다. 그리고 성공할 용기를 가져야만 한다.

행동은 '당신'으로부터 나온다

　다음은 몇 년 전 내가 코칭을 받고 있었을 때 여성 코치와 나눈 대화다.

"지금, 원하는 건 뭐예요?"

"음, 포르쉐를 갖고 싶어요."

"그렇군요. 어떻게 하면 그걸 살 수 있어요?"

"돈을 더 벌면 살 수 있죠."

"아, 그럼 당신이 누구였다면 포르쉐에 어울릴까요?"

"앗, 누구였다면?"

"음, 지금 가지고 있지 않다는 건, 어울리지 않는다는 거죠?"

"그런 걸까요……누구라니, 어떤 의미예요?"

"당신 생각에 어떤 사람이 포르쉐에 어울리나요?"

"음, 좀 더 품격 있는 사람?"

"그럼 당신이 좀 더 품격 있어지면 포르쉐를 탈 수 있을까요?"

"그렇다고 생각해요."

"참고로, 당신, 지금은 별로 잘 벌지 못하고 있는 거네요."

"앗, 그걸 어떻게……"

"아니, '돈을 더 잘 벌면'이라는 말은 지금은 잘 벌지 못하는 사람
이 할 법한 대사잖아요."

"그, 그러네요."

"'돈을 잘 못 번다'라고 스스로 인식하고 있는 사람이 돈을 잘 벌
수는 없어요."

"앗, 그럼 어떻게 말해야……말은 이렇게 해도 사실 돈 잘 못 벌
어요, 지금은."

"더 벌어야지 하는 생각 같은 건 안 해도 돼요. 다만 품격 있으면
돼요."

"품격 있게라……음, 어떤 식으로?"

"당신 말이에요, 돈 버는 거 특기예요?"

"앗, 아니요. 시기와 경우에 따라 달라진달까, 못하는 편은 아니라고 생각하지만……."

"저기 있잖아요, 특기냐는 질문을 받게 되면 0.2초 안에 '특기'라고 말해요. 그렇게 생각하지 않더라도. 한 번 더 물어볼게요. 당신, 돈 버는 거 특기예요?"

"네, 특기예요. 맡겨 주세요."

"맞아요. 그럼 돼요. 다음은 품격 있게 살면 되는 거예요."

행동으로 옮긴 것이 결과가 된다. 지금까지 행동의 중요성에 대해 실컷 이야기해 왔다.

하지만 행동은 언제나 당신 자신을 통해 일어난다. 행동에 옮기는 당신이 어떤 사람이냐에 따라 사실 결과는 크게 달라진다. 물론 결과를 만들어 내기 위해서는 행동하지 않으면 안 된다.

행동 쪽에 지나치게 의식이 향하다 보니, 자신이 어떻게 '존재할' 지에 주의를 기울이는 사람은 많지 않다. 자신이 어떤 행동을 할지가 아니라 그 행동을 하는 당신 자신은 '누구'이고, 어떻게 존재할 것인가. 사실 성과는 여기서 갈린다.

새해 첫 참배를 가서 신 앞에서 '올해야말로 ○○에 도전하겠습니다!' 하고 의지를 다지는 것처럼, '무엇을 할지'를 맹세하는 사람은 많다. 하지만 '올해야말로 도전자가 되겠습니다' 하고 자신이 어떻게 존재할지를 맹세하는 사람은 드물다. 영어로 표현했을 때 Doing(행동)의 영역은 우리가 가장 의식하기 쉽고, 또 많이 쓰는 말이다.

I challenge ＿＿＿＿＿＿.
나는 ＿＿＿＿＿＿ 에 도전하겠습니다.
이것이 일반적으로 많이 쓰이는 Do 동사의 문장이고,

I am a challenger.
나는 도전자입니다.

이것이 Be 동사의 문장이다.

Do 동사는 항상 앞으로 일어날 일을 표현한다. 앞서 이야기했듯 이 '돈을 더 잘 벌고 싶다'라는 표현은 지금 돈을 많이 벌지 못하는 사람이 '앞으로' 돈을 벌겠다고 하는 세계관이다.

즉 심층 심리에서는 '지금 돈을 잘 벌지 못하는 자신'을 인정하고 있다. 돈을 잘 못 버는 나, 극단적으로 말하면 가난한 내가 앞으로 돈을 잘 벌기 위해 행동에 옮기겠다는 것이다.

유감스럽지만 이 마인드로는 결과를 만들어 낼 수 없다. 자신의 잠재의식이 선택한, 베이스가 되는 존재 방식은 'I am Poor(나는 가난하다)'이다. 이러한 사람에게서 나오는 행동(Doing)은 가난(poor)이라는 결과를 초래한다.

앞서 이야기했듯이 "−에 도전하겠습니다!"라고 말하는 사람은 다시 말해 현재 도전하고 있지 않은 사람이다. Being(존재 방식)에 주목해서 "I am a challenger(나는 도전자다)"라고 말하는 사람에게서 나오는 행동(Doing)은 필시 도전적인 행동이다. 행동에 옮기는 그 사람의 Being(존재 방식)이 이미 도전자이기 때문이다.

행동만으로는 결과에 도달할 수 없다. 중요한 행동은 당신 자신에게서 나오는 것이기 때문에 스스로 어떻게 존재할지에 대해 더욱 신경 써야 한다.

부자가 되는 사람과
되지 못하는 사람의 차이

애초에 부자란 무엇일까. 노무라 종합연구소의 조사에 따르면, 순금융자산을 1억 엔(약 9억 1500만 원) 이상 5억 엔(약 45억 7500만 원) 미만 보유한 세대를 부유층이라고 한다.

순금융자산이란 예·적금과 주식, 채권, 생명보험 등의 금융자산에서 부채를 뺀 금액이다. 현금, 주식, 채권, 보험의 보유액에서 대출을 빼고도 1억 엔 이상 가지고 있는 사람을 부유층이라 부르는 듯하다.

덧붙이면 순금융자산이 5억 엔 이상 되면 '초부유층'이라는 통칭으로 바뀐다. 나는 초부유층을 만날 기회가 많았다. 그들은 처음 봤을 때 '소위 말하는 부자'로는 전혀 보이지 않는다. 고급스럽거나 화려하지 않은 물건을 좋아하고, 쓸데없는 지출을 하지 않고, 일단 무언가를 과시하거나 하는 일도 없다.

대신에 시간을 소중히 여기고, 약속을 지키고, 봉사 활동에 관심을 가진다. 초부유층 중에서는 처음부터 금수저를 가지고 태어나는 사람도 있긴 하지만 대부분은 자수성가한 사람들이다.

그들은 대체로 가난하게 시작해서 초부유층으로 올라섰다. 또 현재 진행형으로 부자가 되는 길을 차근차근 걸어가고 있는 사람들도 많이 만났고, 안타깝게도 부자가 되어가던 도중에 사라져 버리는 사람들 역시 수없이 만나 봤다. 초부유층이나 부유층이 되는 사람과 되지 못하는 사람, 그들을 구분 짓는 것은 대체 무엇일까.

나는 "부자가 되고 싶습니다!"라고 하는 사람을 꽤 많이 만났다. 어떻게 보면 이런 바람을 전혀 갖고 있지 않은 사람을 찾기는 어렵지 않을까. 이렇게 말하는 나 역시 이런 생각이 강하게 있었고, 지금도 마찬가지다.

나는 이런 사람에게 꼭 "좋네요. 구체적으로 얼마를 벌면 부자가 되었다고 할 수 있을까요?" 하고 묻는다. 그 액수는 사람에 따라 다 다르지만, 사실 이 질문 자체에는 그렇게 큰 의미가 없다. 나에게 있어 진짜 중요한 질문은 그 뒤에 따라온다.

"번 돈을 어디에 쓰고 싶으세요?"

이 질문에 대한 대답이야말로 그 사람이 가진 '부자'의 이미지를 나타낸다. 여기서 나오는 대답은 몇 가지로 분류된다.

"아니 뭐, 그냥 많이 벌고 싶다는 거지, 어디에 쓰고 싶다는 건 특별히 정하지 않았어요."

라고 하는, 아무것도 정하지는 않았지만 어쨌든 부자가 되고 싶은 사람.

"좋은 곳에 살고, 좋은 차를 타고, 맛있는 걸 먹고 싶어요."

라고 하는, 막연하게 삶의 질을 높이고 싶어 하는 사람.

"10억짜리 집에 살고, 벤츠를 타고 싶어요."

라고 하는, 구체적으로 삶의 질을 높이고 싶어 하는 사람.

"여행을 가거나, 갖고 싶었던 명품 시계를 사고 싶어요."

라고 하는, 오락이나 물욕을 만족시키고 싶어 하는 사람.

이렇게 대답하는 사람의 대부분은 '부자'가 되고 싶은 것이 아니라, 돈을 '쓰고 싶은' 것이다. 돈을 써서 손에 넣고 싶은 것은 더 좋은, 적어도 지금보다는 훨씬 나은 삶이다. 분명 치안이 좋고 환경이 깨끗하고 의료나 교육 인프라가 잘 갖춰져 있는 편의성 좋은 동네에 살아 본 적이 없을 것이다.

하지만 다이아몬드 반지나 귀걸이, 명품 시계가 정말 필요할까. 부자가 되고 싶은 것이 아니라 돈을 '쓰고 싶은' 사람의 대부분은 돈을 쓰는 행위를 통해 '우월감'을 얻는다. 이는 매우 강한 쾌락을 동반한다. 일시적으로 강렬한 만족감을 느낄 수 있다. 다만 이 쾌락은 금방 원래대로 되돌아가고, '더욱 강한' 쾌락을 얻기 위해 더 많은 돈을 쓰고 싶어지게 마련이다.

이런 이유로 실제로 많은 돈을 벌더라도 진정한 의미의 '부자'가 되는 사람은 사실 그렇게 많지 않다. 요컨대 그들은 부자가 되고 싶은 것이 아니라 부자로 '보이고 싶은' 것이다. 나는 이 그룹에 속한 사람들을 자본주의와 승인 욕구의 덫에 걸린 '대량소비자'라고 부른다.

번 돈을 어디에 쓰고 싶은지 하는 질문에 대해 진정한 의미의 '부자'가 될 그룹의 대답은 위의 대답과는 성격이 다르다.

이 그룹의 대답은 다음과 같다.

"투자 자금의 밑천으로 삼고 싶다."

"그 돈을 담보로 더 많은 자금을 빌려서 사업을 시작하고 싶다. (또는 부동산을 사고 싶다.)"

이처럼 이른바 '레버리지leverage'를 일으키는 쪽으로 의식이 향해 있다.

그들의 대다수는 돈이 '늘어나는' 것보다도 '줄어드는' 것을 극단적으로 싫어한다. 그래서 아무것도 만들어 내지 못하는 소비(예를 들어 명품 액세서리)에는 거의 눈길도 주지 않고, 대신에 장기적으로 이익을 만들어 내는 일에는 아낌없이 자금을 투입한다.

그런 그들도 돈을 늘리다 보면 최종적으로는 무언가에 쓰고 싶은 욕구가 있을 것이다. "무엇을 위해 돈을 늘리는 것인가?" 하고 물어보면, 놀랍게도 대부분 비슷한 대답을 한다.

"'돈'에서 자유로워지기 위해서."
"'돈' 때문에 가로막히는 인생에서 해방되기 위해."
"선택지를 많이 가질 수 있게 만들어 두려고."

그들은 어떤 물건을 손에 넣기 위해서가 아니라 자신의 상태를 위해 돈을 늘린다. 참고로 그들에게 물욕이 없는 것은 아니다. 그들은 자신의 상태를 높이기 위해서라면 큰돈도 망설임 없이 쓴다.

부자는 '체험'에 아낌없이 돈을 쓴다

부자가 또 한 가지 아낌없이 돈을 쓰는 영역이 있다. 바로 '체험'이다.

부자가 되는 많은 사람들은 자극적인 체험, 재미있는 사람과의 만남, 새로운 사고방식을 얻기 위해서라면 돈을 아끼지 않는다.

그들은 그러한 체험을 통해 자신의 시야가 넓어지고, 그것이 자신을 더욱더 움직이게 할 것을 안다. '자신에게 하는 투자'가 가장 수익률이 높다는 사실을 알고 있는 것이다.

"사치는 누려도 된다, 허세는 부리지 마라. 이는 대대로 내려온 가르침이다."

몇 대에 걸쳐 이어진 명문가에서 태어나, 태어나면서부터 초부유층의 삶을 살고 있는 지인이 한 말이다.

현재 대기업을 경영하고 있는 그는 돈을 호사스럽게 쓰기는 하지만 겉으로 화려해 보이게 쓰는 일은 일절 없고, 돈을 쓸 거라면 직원들에게 환원한다는 생각으로 실제로도 그렇게 하고 있다. 그가 개인적으로 구매하는 옷은 언제나 최고급품으로, 이탈리아에서 열리는 그 브랜드의 파티에 일본인으로서는 유일하게 초대될 정도의 VIP이기도 하다. 하지만 그 사실을 자기 입으로 말하는 일은 절대 없다. 나는 그 브랜드 매장 직원에게 살짝 들어서 알게 된 이야기다. 그는 말한다.

"사치 때문에 무너지는 회사는 없다. 무엇이 좋은 것인지 알기 위해서는 사치도 누려 봐야 한다. 무너질 때는 '허세'로 무너진다. 절대로 허세를 위해 돈을 쓰면 안 된다."

'부자'의 운명을 등에 지고 태어나, 그에 맞는 가르침을 받아 온 사람의 말에서는 한층 더 깊이가 느껴진다.

하루는 또 다른 초부유층 지인과 함께 긴자의 고급 클럽에 술을 마시러 갔다. 이때 자리를 함께한 일행이 고급 샴페인을 마시자고 제안했다. 그러자 초부유층인 지인은 바로 "이번 술값은 다 같이 더치페이할 건데, 그 샴페인 자네가 사는 거라면 마셔도 좋아. 자네의 허세는 자네 혼자 떨게."

한 치의 거짓도 없는, 틀림없는 정론이다. 사실 고급 샴페인 한 병 오픈하는 것 정도는 그에게 있어 아무렇지도 않은 금액이다.

하지만 그에게는 명확한 룰이 있다. 다만 긴자의 고급 클럽에서 당당하게 말을 꺼내기는 사실 꽤 힘든 일이다. 호쾌하게 웃으면서 아무런 망설임도 없이 말을 내뱉는 그의 대단함을 눈앞에서 마주하고, 나는 초부유층이 어떻게 부자가 되는지 그 한 부분을 본 듯한 느낌이었다.

진정한 부자는 자신의 욕구를 일시적으로 만족시키는 소비, 그리고 허세나 우월감을 위해서는 돈을 쓰지 않는다. 돈에서 해방되기 위해 돈 그 자체를 늘리려고 한다. 그리고 돈이 돈을 낳아서 넘쳐흐르게 되었을 때 그만큼의 사치를 마음껏 즐긴다.

부자로 '보이고' 싶다는 이유로 일시적인 감정에 지배되어 대량 소비자가 되어 버리면 결국 부자는 될 수 없다.

누구나 부자가 되기를 염원하는 것은 아닐지 모르지만, 인생에서 돈 문제로부터 해방되는 것을 상상해 보았으면 한다. 그냥 하는 말이 아니라, 대부분의 문제는 분명 돈으로 해결된다. '부자는 싸우지 않는다'라는 말은 진실을 제대로 반영하고 있다.

부유층 vs 풍족함

지금까지 이야기한 '부유층'이라는 카테고리는 어디까지나 결과적으로는 금융자산을 1억 엔 이상 보유한 세대를 가리킨다. 일종의 지위로서의 부유층으로, 진정한 의미의 풍족함을 겸비하고 있는지는 또 다른 이야기다.

마음의 풍족함은 은행의 계좌 잔고로 결정되지 않는다.

분명 돈으로 해결할 수 있는 문제는 많다. 하지만 동시에 돈 때문에 생기는 문제도 많다. 개중에는 은행 계좌 잔고나 자산 상태에 병적일 정도로 신경을 쓰고, 그 때문에 정신적인 병을 얻는 케이스도 있다.

계좌 잔고가 많을 때는 느긋한 마음으로 사람을 대할 수 있지만, 잔고가 줄어들면 그렇지 못하는 사람은 잔고에 좌우되는 인생에 지나지 않는다. 당신 자신의 인생임에도 불구하고 자신의 성격도 아닌, 그저 계좌 잔고에 휘둘리는 인생일 뿐이다.

이처럼 많은 사람이 결과에 좌우되며 살고 있다.

결과는 그저 결과일 뿐이다. 그것은 당신 자신이 아니다.

결과를 신경 쓰지 않는 것과는 또 다르다. 눈앞의 결과를 제대로 마주하지 않고 스스로 만든 환상의 세계에 잠식되어 있기만 한 사람도 간혹 눈에 띈다.

결과를 정면으로 마주하되, 그 결과에 좌지우지되어 자신의 존재 방식마저 불안정하게 흔들리고 있으면 안 된다. 계좌 잔고가 많든 적든, 어떤 태도로 살아갈지 그 결정권은 당신 자신에게 있다.

당신이 풍족(being rich)하게 살아가겠다고 결정해 버리면, 당신에게서 나오는 행동(doing)은 모두 풍족(rich)한 행동이 된다.

이는 결국에는 풍족(rich)한 결과를 만들어 낸다.

어떻게 살아갈지는 상황에 따라 결정되는 것이 아니라 늘 당신 자신이 결정하는 것이다.

어떻게 살아갈지 단언한다

'사랑한다'라는 말이 있다. '사랑한다'란 어떤 행위를 말할까.

선물을 사 주는 것. 요리를 만들어 주는 것. 늘 곁에서 챙겨 주는 것. 그런 행위를 사랑이라고 한다면 사랑일지도 모르지만, 그게 전부는 아니다.

사랑은 어떤 특정한 행위가 아니다.

사랑은 단언이며, 그 자세를 말한다.

사랑은 조건을 필요로 하지 않는다.

"너는 젊고 몸매도 좋아. 학벌도 더할 나위 없고, 부모님의 경제 상황도 나쁘지 않아. 그러니까 사랑해."

이런 말을 듣는다면 천년의 사랑도 바로 깨질 것이다.

조건이 붙는 사랑은 조건에 대한 평가지 사랑이 아니다. 정말로 사랑하겠다고 결정해 버리면 나이가 들고, 몸매가 변하고, 경제 상황 등의 조건이 어떻게 되든 아무런 영향을 미치지 않는다.

'사랑한다'는 것은 '의지'이고 '단언'이다.

이러한 조건이나 상황에 자기 인생의 열쇠를 빼앗기면 안 된다.

조건이나 상황이 어떻든 자신이 어떻게 살아갈지는 스스로 결정한다.

당신의 은행 계좌에 잔고가 얼마 있는지는 그저 조건이고 상황이다. 예를 들어 잔고가 단 만 원이라고 해도, 잔고 만 원만큼 거기에 '빈곤'이라는 세계관을 부여할 필요는 없다. 가슴을 펴고 당당하게 풍족한 태도를 택하고 인생을 살면 된다.

"너, 통장에 만 원밖에 없는 것 같던데!" 하고 조롱당했다고 해도, "맞아" 하고 말하고 당당하게 살면 된다.

상황은 당신의 삶의 방식에 어떠한 영향도 미치지 않는다. 상황에 따라 영향을 받는 것은 언제나 당신 자신이다. 정확하게 말하면 '상황에서 영향을 받는다'라고 정한 것은 당신이다. 잔고가 만 원이라는 상황에 대해 '빈곤하다'라는 세계관을 만들어 내고, '빈곤하게 산다'라는 선택을 한 것은 틀림없이 자기 자신이다.

상황은 그저 상황이지 당신 자신이 아니다.

당신이 어떻게 살아갈지 누구로 살아갈지는 항상 자신이 결정할 수 있다.

품격 있게 산다

나는 '어떻게 돈을 벌까?' 하는 행동(doing) 영역과 마찬가지로, '어떻게 살아갈까?' 하는 존재 방식(being)에 무게를 두고 관심을 집중하게 되었다.

내가 목표로 한 것은 '품격 있는' 존재 방식이다. 'I am elegant'라고 결정하고 나서 나의 모든 언행에 신경 쓰기 시작했다. 실제로 내가 품격이 있는지 어떤지는 알 수 없다. 다만 어찌 되었든 품격 있게 살기로 한 것이다.

'품격 있는 사람은, 여기서 뭐라고 말할까?'
'품격 있는 사람은, 여기서 어떤 행동을 취할까?'
'품격 있는 사람은, 여기서 어떤 선택을 할까?'

나는 내 행동 하나하나에 세심한 주의를 기울였다. 자연스럽게 자세가 좋아졌고, 걸음걸이, 말투, 표정, 생활 습관에까지 영향이 미치기 시작했다. 품격 있게 살기로 하고 나서 9개월 하고 27일 후, 나는 포르쉐를 샀다.

Insight!

♣ 자신의 '존재 방식'에 세심한 주의를 기울인다. 결과를 만들어 내는 행동은 당신 자신에게서 나온다.

♣ being이 doing을 결정한다.

♣ 되고 싶은 being이 원하는 결과를 불러온다.

♣ 현재의 상황과 조건에 자기 인생의 열쇠를 빼앗기지 않는다.

♣ 자신이 어떻게 살아갈지 결정한다. 그리고 단언한다.

제9장

자신의 '상태'를 높인다

스스로 어떤 사람이어야 한다고 고집하지 않는다면,
자신이 될 수 있는 최고가 될 수 있다.
– 노자(老子)

앞서 8장까지는 대체로 '어떻게 자신의 퍼포먼스를 끌어올리고, 성과로 이어지게 할 수 있을까?'에 대해 이야기해 왔다. 대부분은 구체적인 행동방식이나 사고방식에 관한 내용이었는데, 일관된 메시지는 '머리로 이해하는 것이 아니라, 실제 행동으로 옮기고 그것이 지속될 때 성과가 나온다'라는 것이다.

이번 9장에서는 행동으로 옮겨서 성과를 손에 넣고자 할 때, 당신 자신이 어떤 '상태'인지가 가장 중요하다는 사실에 대해 다루려고 한다.

관점에 따라서는 지금까지 8개 장에 걸쳐 이야기한 내용을 전부 부정하는 셈이 된다.

하지만 당신 자신의 '상태'가 좋지 않으면 무엇을 해도 마이너스로 작용하고 만다. 경우에 따라 일시적으로 플러스로 움직였다고 해도 결과적으로는 자기 자신을 괴롭히는 방향으로 나아가게 된다.

그렇다면 자신의 '상태'란 어떤 의미일까.

누군가에게 도움이 되려는
생각은 하지 않는 게 낫다

'실존은 본질을 앞선다'는 사르트르Jean Paul Sartre가 제창한 '실존주의'에 있어 유명한 말이다.

컵은 컵을 위해 존재하는 것이 아니다. 물을 담기 위해 존재한다.

만물은 그 자신을 위해서(실존)가 아니라, 무언가를 위해(본질) 존재한다. 즉 통상적으로는 '본질이 실존에 앞선다'라고 할 수 있다.

하지만 인간은 다르다. 무언가로 만들고 싶거나, 무언가가 되게 하려는 목적으로 태어난 것이 아니라, 이 세상에 태어난 후에(실존) 무엇이 될지는 나중에 선택한다(본질). 이것이 실존주의의 주요한 메시지의 하나다.

그리고 물을 담기(본질) 위해 만들어진 컵은 물을 담았을 때 비로소 컵으로서의 존재감을 발휘한다. 물론 컵은 컵 자체로도 존재할 수 있지만, 이 부분은 일단 넘어가자.

만약 만물이 무언가를 위한 것이 되었을 때 비로소 존재한다고 하면, '당신'은 무엇을 위해 존재할까? 누군가에게 어떤 도움이 되었을 때 존재 가치를 발휘하는 것일까?

Give and Take(기브 앤 테이크)라는 말이 있다.

원래의 뜻으로 보면 서로 봉사하고 주고받으며 상부상조하는 공평한 상태를 나타내는 말이지만, 오늘날 이 말이 쓰이는 방식은 '하나를 양보하는 대신에 이쪽이 원하는 하나를 들어준다'라는 의미가 강하다.

세상에는 기버Giver라 불리는, 주는 것에 주안점을 두고 사는 사람이 있다면, 테이커Taker라 불리는, 주로 받는 것을 기대하며 사는 사람도 있다.

비즈니스의 세계에서는 성과를 내고 싶다면 '기버가 되어라'라고 강조한다.

무언가를 주면 나중에 또 많은 것을 받을 수 있다는 사고방식이다. 확실히 빠르게 달리려면 지면을 강하게 밟을 필요가 있다.

밟는 힘만큼 지면으로부터 에너지가 되돌아온다. 먼저 힘을 방출하는 행위를 통해 에너지는 되돌아온다. 지면을 밟지도 않으면서 지면의 에너지를 받으려고 한다면 너무 뻔뻔한 생각이다. 주는 쪽인 기버가 방출한 에너지를 나중에 회수할 수 있다는 사고방식 자체는 이치에 맞는다.

하지만 어쨌든 남들에게 봉사하고 사람들이 하기 싫어하는 일에도 먼저 나서는, 어떻게 봐도 기버로 밖에 볼 수 없는 사람인데도 전혀 성과가 나오지 않고 오히려 에너지가 점점 줄어드는 케이스도 있다.

이런 사람 주변에는 테이커가 모여 있어서 에너지는 방출되기만 하다가 결국 모두 빼앗겨 아무것도 남지 않는다. 본인은 배운 대로 기버의 역할에 충실해서 계속 주기만 했음에도 불구하고 말이다. 이는 기버인 사람의 '상태'와 관련이 있다.

컵에 물이 반 정도 차 있는 상태에서 상대방에게 물을 주려고 하면 어떻게 될까.

많은 경우 '나는 물이 반밖에 없는데도 당신에게 물을 주었습니다. 그러니까 당연히 나중에 나한테도 물을 줄 거죠?' 하고 답례를 기대할 것이다. 겉으로는 기대하지 않아도 무의식적으로 그런 힘이 움직이기 쉽다.

자신은 상대에게 기브Give했다고 생각할지 모르지만, 본질적으로는 상대로부터 에너지가 돌아올 것을 기대하고 있다. 이것이야말로 분명한 테이커의 사고다. 상대에게 무언가를 주는 '모양새'를 하고 있지만, 실태는 상대로부터 에너지를 빼앗는 행위다.

이렇게 자신은 기버라고 생각하면서 무의식 속에서 테이커가 된 사람이 대부분이다. 테이커는 자신이 결핍되어 있음을 무의식적으로 느끼고, 그 부족함을 무언가로 보충하려고 한다.

"이런 걸 샀다."

"나는 누구누구와 아는 사이다."

"이런 장소에 가서, 이런 특별한 대접을 받았다."

"이런 상을 받았고, 이런 일을 하고 있다."

묻지도 않았는데 이런 이야기를 무턱대고 하는 사람이 있다. 먼저 우위를 점하려고 하는 사람들이다.

이런 사람은 자신의 결핍을 다른 사람의 평가를 통해 채우려고 한다. "왜인지는 모르겠지만, 그 사람이랑 있으면 피곤해."라는 말에서 '그 사람'의 기브는 본질적으로는 테이크다.

따라서 그 사람이 주는 기브를 받은 날에는 그에 상응하는 답례를 할 때까지 상대방은 당신을 놔 주지 않는다. 당신은 자신의 본심과는 반대로 '받은 은혜' 때문에 상대방에게 무언가 답례를 한다.

이 답례는 당신 안에 있는 무언가를 깎아서 만들어 내는 경우가 많다. 그러면 당신 자신에게도 결핍이 생긴다. 필연적으로 이 결핍을 무언가로 채우려고 하기 시작한다. 그리고 결핍감을 느끼게 된 테이커는 새로운 테이커를 만들어 내고, 테이커의 커뮤니티를 형성한다. 테이커가 테이커를 부르는 것이다.

골치 아픈 점은 거기에 있는 사람들 대부분이 자기 자신이 기버인 줄 알고, '나는 사람들에게 공헌하는 것을 기쁨으로 여긴다'라고 생각한다는 사실이다. 그리고 그들 중 대부분은 '사람들에게 무언가를 주는 것으로 자신도 '얻는다'라고 말한다.

하지만 무의식적으로 '받을' 것을 기대하는 그 시점에 이미 테이커의 출발점에 서 있다. 기브 앤 테이크의 사고방식에서 가장 중요한 것은 상대방으로부터 무언가를 돌려받기를 기대하면 안 된다는 사실이다. 결핍 상태에서의 기브는 결과적으로 테이크가 된다는 사실을 가슴 깊이 새기길 바란다.

스스로 만족하는 상태가 아니면
기버가 될 수 없다

기브의 본질을 놓치면 안 된다. 자신 안에 없는 것은 주지 않는다. 컵 안에 물이 반 정도 차 있을 때는 다른 사람에게 주기 전에 무엇보다 먼저 자신의 컵을 채우는 일에 집중해야 한다. 컵 안의 물이 가득 차서 넘쳤을 때 비로소 기브를 할 수 있다는 말이다. 그리고 그 기브는 돌아올 무언가를 기대하지 않는다.

오히려 무언가 돌아온다고 해도 자신의 컵은 이미 넘치고 있어서 더 담을 수 없다. '넘치고 있어서, 조금만 받아도 될까요?'와 같은 자세다.

누군가에게 넘친 것을 받은 다른 사람은 '무언가를 받은 은혜' 때문에 또다시 무언가 답례를 할 필요가 없어진다. 상대방은 스스로 결핍을 만들어 내지 않게 되고 오히려 자신을 채우기 위한 에너지만을 충전한다. 넘쳐흐른 대량의 에너지는 결과적으로 누군가를 채운다.

　도움이 되고 싶다, 공헌하고 싶다는 목적이 우선이 되는 것이 아니라, 자신을 계속 채워 나간 결과 넘치게 된 에너지가 자연스럽게 누군가에게 공헌하는 결과로 이어질 수도 있다. 항상 어딘가에 공헌하고 있는 것처럼 보이는 것은 넘쳐흐른 에너지가 너무 많다 보니 늘 그 에너지를 받게 되는 사람이 있기 때문이다.

　누군가에게 공헌한다는 의미의 본질은 누군가에게 공헌하려는 의도를 멈추는 것이다.

　자신이 결핍 상태로 상대방에게 공헌하려고 하면 본질적으로는 상대방으로부터 에너지를 빼앗는 행위가 될 수밖에 없다.

　다른 사람에게 공헌하기 전에 무엇보다 먼저 자기 자신에게 공헌해야 한다.

　나를 소중히 여기고, 특별하게 대하고, 그 누구보다도 내 몸을 돌보고, 내 기분을 헤아리고, 내 인생에 편안함과 즐거움, 행복을 가져오는 일에 전력을 쏟는다. 그렇게 해서 자신의 컵을 계속 채워 간다. 거기에서 넘친 만큼 다른 사람이 받는다.

　이것이 다른 사람이 봤을 때는 '공헌'으로 받아들여지게 된다. 그리고 그 사람이 에너지에 대해 답례를 하려고 하지만 본인의 컵은 이미 가득 차 있기에 받을 수가 없다.

　더 받을 수 없는 에너지는 또 다른 사람에게 흘러간다. 에너지의 발생원은 늘 자기 자신이지만, 이쪽은 항상 컵이 가득 찬 상태이기 때문에 에너지는 자신의 주변에서 계속 빠르게 순환한다.

이렇게 본질적인 기버의 주변으로 에너지가 가득 찬 사람들이 모인다.

거기에는 누구 하나 상대방으로부터 에너지를 빼앗아 자신의 부족함을 채우고자 하는 사람은 없다. 진정한 의미에서 기버의 모임으로, 거기에는 상대방에게 '기브'하려고 하는 의식조차 없다. 누구보다도 자신을 우선시하고 자신을 계속 채우는 사람들의 모임이다. 그 결과 모두의 컵에서 물이 넘치고 그곳에는 늘 에너지가 흘러넘치고 있다. 이 상태를 유지하면서 같은 파동의 인간이 모인다.

자신의 존재는 누군가에게 공헌했을 때 비로소 존재로서 인식된다. 그러나 모순적이지만 '공헌'을 목적으로 하면 테이커로서의 문을 노크하는 일이 된다.

본질적으로 사람들에게 공헌하기 위한 열쇠는 누구보다 먼저 자기 자신을 우선시하고, 자신의 컵을 가득 채우고, 그 컵을 넘쳐흐르게 해야 한다.

그렇게 넘친 양만큼 다른 사람에게 주었을 때 '공헌'으로 받아들여질 수 있다. 그 에너지가 반복될 때 에너지의 원천으로서 당신의 존재를 인지하게 된다.

기대하지 않고, 기대하게 하지 않는다

누군가에게 기대하고 있을 때, 또는 누군가를 기대하게 하려고 할 때 사람은 무의식적으로 결핍 상태가 된다. 전자의 기대하고 있을 때의 경우에는 알기 쉽다.

누군가에게 무언가를 기대하고 있을 때는 이따금 자신이 결핍되어 있을 때다.

무언가 잘되게 하고 싶은 의도가 있고, 그 의도에 대해서 어떠한 공헌이 있겠지 하는 기대가 생긴다. 기대는 상대방에게 투영된다. 그리고 그 기대는 상대방을 컨트롤하려고 하는 에너지로 바뀌기 쉽다.

상대방은 또 그 나름으로 기대에 부응하려고 하기 시작한다. 본래 자신의 능력을 발휘하는 데 집중해야 하지만 어느샌가 상대방의 기대에 부응하는 데 집중하기 시작한다.

이는 본질적인 에너지의 흐름이 아니다. 상대방이 기대하게 만들면 안 된다.

사람을 처음 만나거나 업무상 계약을 따내려고 할 때 많은 경우 자신을 과장해서 보여 준다. 자신이 얼마나 유능한지, 상대방의 요구를 들어주기에 충분한 사람인지 어필하고 싶어 한다.

이 어필이 성공하면 상대방은 당연히 당신에게 기대하게 된다. 당신은 본의 아니게 기대에 부응하려고 한다. 상대방이 보고 있는 것은 당신의 본질이 아니라 당신이 과장해서 보여 주기 위해 만들어 낸 허상의 당신이다. 허상에 대한 기대에 열심히 부응하려고 당신은 한층 더 자신을 과장해서 보여 주고, 이는 더 큰 기대를 만들어 낸다. 상대방의 기대는 더욱더 커진다. 당신은 거기에 더 부응하려고 한다. 이렇게 하다 보면 실체가 없는 것에 양쪽 모두 에너지를 쏟아붓게 되고 결과적으로 양쪽 모두 결핍 상태에 빠진다.

있는 그대로의 자신이면 된다. 무방비의 자신이면 된다. 상대방에게 기대하지 않고, 기대하게 하지도 않는다. 그러한 자신의 상태로 상대방과 마주했을 때 비로소 상대는 당신을 인식하고, 당신도 상대를 올바르게 인식할 수 있다.

그렇게 대화가 시작되면 서로 허상에 에너지를 쏟아부을 일은 없다. 서로가 본래 하고 싶은 일에 집중하고, 에너지의 흐름은 정상이 되어 성과를 올릴 수 있게 되는 것이다.

중립 상태를 추천

'좋은' 상태란 어떤 상태를 말할까.

한마디로 하면 무엇에도 기대지 않는 상태다.

어떤 특정한 신조에 기대지 않지만, 그렇다고 해서 '어디에도 기대면 안 된다'라고 고집을 부려야 하는 것도 아니다. 즉, 더 정확히 표현하면 '기대도 좋고, 기대지 않아도 좋다'고 하는 상태다.

앞서 이야기한 기대를 예로 들면, '기대해도 좋고, 기대하지 않아도 좋다. 기대하게 해도 좋고, 기대하게 하지 않아도 좋다'고 하는 상태다.

상대방에 대해 절대로 기대하면 안 된다고 완강한 태도를 갖는 시점에 이미 또다시 자신에게 제한을 걸고 만다. 상대방에게 기대해도 되고 기대하지 않아도 된다는 양극의 선택지를 가진 상태가 되었을 때 단번에 시야는 열린다.

무언가에 집중하는 순간 그 이외의 가능성은 받아들일 수 없게 된다.

예를 들어 '10억을 벌겠다'에 집중하면 100억의 가능성은 받아들일 수 없다. 그리고 '돈을 번다' 이외의 가능성도 받아들일 수 없다.

여기서 중요한 사실은 집중하지 말라는 말이 아니라는 것이다. 아주 섬세하면서도 미묘한 내용을 돌려 말하다 보면 오해를 불러일으킬지도 모르지만, 집중해도 되고 안 해도 된다.

두 가지 선택지를 모두 고를 수 있는 상태에 자신을 데려다 놓으면, 양극의 가능성까지도 선택할 수 있다.

그리고 그 가능성을 선택해도 되고 하지 않아도 된다.

언뜻 보기에 정말 이도 저도 아닌, 우유부단한 견해일지 모른다. 많은 사람이 어떤 특정한 생각, 신념, 사상을 가짐으로써 그것을 이정표로 삼고, 그러한 삶의 방식을 정하는 것이야말로 인생의 사명이라고 믿는다. 중립으로 있다는 것이 그 반대를 의미하지는 않는다. 생각, 신념, 사상을 가지면 안 된다는 말도 아니다.

가져도 되고 안 가져도 된다. 양쪽을 모두 선택할 수 있는 상태로 있는 것, 그뿐이다.

사고도 감정도 원래 당신의 것이 아니다

애초에 사고나 감정은 원래 당신의 것이 아니다.

무엇이 선 이고 무엇이 악 인가. 무엇이 득 이고 무엇이 실 인가. 무엇이 좋고 무엇이 싫은가. 무엇에 기뻐하고 무엇에 분노하는가. 자신이 무엇에 반응하고 어떻게 결단을 내리는지는 이 세상에 태어나 이 사회에서 살아가면서 획득해 온, 말하자면 후천적인 것이다.

이는 '사회'라는 이름 아래 만들어진, '이런 식으로 사고하라', '이런 식으로 느껴라' 하는, 일종의 강제적으로 습득된 사고방식이다.

하지만 어느샌가 '나다움'이라는 말로 그것을 자기 자신의 것으로 믿어 버린다.

당신이 가진 불안, 두려움, 열등감, 무력감, 원망, 질투, 자기긍정감, 효력감, 우월감, 신뢰 등 이 모두가 원래 당신의 것이 아니다. 당신이 살아오면서 후천적으로 획득해 온, 무엇 하나 진실이 아니지만 자신의 것이라고 믿어 버리고 소유하게 된 것들이다.

이는 모두 교묘하게 만들어진 허상이다. 사고나 감정이 만들어 내는 세계를 믿고 그 안에서 살아가는 한, 당신은 당신 고유의 인생이 아닌 누군가 만들어 낸 생각의 방식과 감정의 방식의 테두리 안에서 계속 살아가게 될 것이다.

사고나 감정의 덫으로부터 자신을 구해 내는 방법은 무엇보다도 자신이 사고하고 있다는 사실을 먼저 알아차려야 한다.

무언가에 반응하고 있는 자신, 무언가에 대해 고려하고 있는 자신을 알아차렸을 때, '아, 나는 이런 방식으로 생각하는구나' 하고 자신이 생각하고 있음을 깨달아야 한다. 그런 다음에 생각하고 있는 자신을 허용한다.

사고하는 것이 나쁘다는 말은 아니다. 사고하는 자신도 자신의 일부라는 사실을 허용해야 한다.

계속해서 이렇게 반복하다 보면 자기 자신, 그리고 자신이 하는 사고를 분리할 수 있게 된다.

반복해서 말하지만, 당신 자신과 당신의 사고는 별개다. 후자는 원래 당신의 것이 아니라, 극단적으로 말하면 당신의 조종된 사고라고 할 수 있다. 그럼 당신이 조종된 사고에 의해 만들어진 세계 속에 살지 않고, 당신 자신으로 살아가기 위해서는 어떻게 하면 좋을까.

그 방법은 지금 이 순간의 오감에 집중하는 것이다.

오감이란 말할 것도 없이 시각, 청각, 후각, 미각, 촉각의 5가지 감각이다. 지금 이 순간 자신의 오감을 통해 느끼는 것이 가장 진실에 가까운 것인지도 모른다. 많은 경우 오감과 거의 동시에 사고가 가동되면서 지금 막 얻은 그 감정에 어떠한 해석을 덧붙인다.

반복해서 말하지만, 당신의 사고가 덧붙인 해석의 세계는 당신 자신이 아닌, 후천적으로 획득한 누군가의 해석의 세계다. 당신 자신이 지금 오감을 통해 느끼고 있는 무언가가 당신 자신에 가장 가깝다. 이 상태가 당신 자신이라고는 말할 수 없지만 적어도 사고나 감정처럼 누군가의 것이 아닌 상태에 가깝다고 할 수 있다.

이 상태일 때 바로 '직감'이 움직인다.

직감에는 이유가 없다.

보통 자신이 하려고 하는 일에는 대부분 이유가 붙는다. 사고가 만들어 내는 허구의 세계에서 끝까지 파고들어 가 보면 이유는 대부분 손익　과 선악　으로 집약된다. 만나고 싶은 사람, 가고 싶은 장소, 갖고 싶은 물건, 읽고 싶은 책, 하고 싶은 일 등 사고로 만들어진 거의 모든 욕구에는 손익과 선악이 근본에 흐르고 있다. 자신에게 어떤 메리트가 있을까 하는 관점에서 행동을 취할지 말지를 결정한다.

하지만 직감에는 이유가 없다.

왜인지는 모르겠지만 그 사람이 보고 싶다. 이유는 딱히 없지만 그곳에 가고 싶다. 여기서 그 사람이나 그곳에는 목적이 없을 뿐만 아니라 거기서 무언가를 얻고자 하는 계산도 없다. 따라서 이 행동은 상대방 또는 세상으로부터 무엇도 **빼앗지** 않는다. 이쪽에서 어떠한 의도도 목적도 가지고 있지 않기 때문이다. 행동 그 자체가 목적으로, 그것을 통해 얻을 수 있는 무언가에는 전혀 흥미가 없다. 적어도 행동에 옮기는 단계에서는.

결과로써 무언가를 얻을 수 있는 경우도 물론 있다.

하지만 행동으로 옮기는 단계에서는 어떤 의도도 움직이지 않았다. 이유 없는, 그저 직감에 의한 행동은 자신은 물론 상대방에게도 에너지의 결핍을 발생시키지 않는다. 이는 결과적으로 자신에게도 상대방에게도 에너지를 채우는 일이 된다.

직감을 깨우기 위해
목적 없는 시간을 만든다

그럼 어떻게 하면 이 직감을 깨울 수 있을까.

물론 '직감을 깨우고 싶다!'라고 생각하는 시점에서 그것은 사고의 안쪽에 있다. 직감을 깨우면 뭔가 좋을 일이 생길 거라는 손익의 세계로 끌려 들어간다.

어디까지나 어느 쪽이 우수하다거나 어느 쪽이 뒤떨어진다고 하는 생각은 일단 차치하고, 직감에 관한 이야기를 하려고 한다. 직감이 켜지기 쉬운 상태란 자신의 상태가 올라가 있을 때를 말한다.

그러기 위해서는 '어떤 목적도 없는 시간'을 의도적으로 가져야한다.

무언가에 대한 구체적인 결과나 도착 지점, 타인의 평가가 개입되지 않는, 목적이 발생하지 않는 시간이다. 음악 감상이나 악기 연주, 그림 작업 같은 예술 방면의 활동일 수도 있고, 러닝이나 산책 등 운동 방면의 활동이 될 수도 있다. 사우나나 온천도 좋다. 여행을 가도 좋을 것이다.

무엇이든 괜찮다. 어떤 의도나 계산이 움직이지 않는, 그곳에 있는 자체에 몰두할 수 있는 일이라면 다 좋다. 무엇보다도 그 시간을 최우선으로 하여 자기 자신에게 주어야 한다.

최근 이러한 행위를 '마인드풀니스Mindfulness'라는 카테고리로 분류하고 있다.

이렇게 말하면 명상, 요가, 좌선과 같이 마인드풀니스에 가까워지기 위한 특별한 액티비티가 필요하다고 생각하기 쉽지만, 꼭 그럴 필요는 없다. 물론 명상이나 좌선의 경우 전문가의 지도하에 실행하면 흔히 말하는 마인드풀니스의 효과를 톡톡히 체감할 수 있다. 참고로 좌선이 끝난 후에 "사고가 정리돼서 머릿속이 클리어해졌어요!"라고 하는 사람을 가끔 보는데, 그것은 좌선의 본질이 아니라고 생각한다.

물론 그 행위를 통해 무엇을 받아들일지는 각자의 자유지만, 사고가 정리된다고 하는 것은 여전히 사고 안에 머무르고 있다는 표시이기도 하다. 어떠한 행위든 아무런 목적 없이, 타인의 평가도 개입되지 않은 채 사고나 감정이 더없이 오프off에 가까워지는 시간을 가짐으로써 오감의 감각이 되돌아온다.

오감을 통해 느끼는 바를 충실히 알아차릴 수 있게 되면 직감의 힘이 나타나기 시작한다. 직감은 갑자기 획득하는 것이 아니다. 원래부터 당신 안에 있던 힘이 사고에 의해 감춰져 있었고, 그 힘이 다시 겉으로 드러나는 것이다. '자신을 채운다'라는 것은 오감을 원래의 상태로 되돌리는 것에 가깝다.

나에게 있어 그것은 여행과 산책이다.

이 두 가지를 조합해서 자주 해외에 나가서 산책을 한다.

아무런 목적도 없다. 혼자서 호치민(베트남)이나 타이베이(대만)에 가서, 아무튼 거리를 돌아다닌다. 25킬로미터를 걷는 날이 있으면, 6킬로미터를 걷고 질려서 돌아오는 날도 있다. 꼭 해외여야 할 필요도 없다. 대부분의 주말은 도쿄의 어딘가를 산책하고 있고, 때로는 와카야마가 되기도, 때로는 시즈오카가 되기도 한다.

어디든 좋다. 가지 않아도 좋다. 가고 싶을 때 가고 싶은 장소에 가서 그곳을 걷는다. 그 행동을 통해 무언가를 얻고 싶은 것도 아니다. '산책 그 자체'를 하고 싶은 거지, 거기서 무언가를 얻는 데는 흥미가 없다. 애초에 산책을 통해 뭔가를 얻을 일은 없다. 그저 산책일 뿐이다. 이런 식으로 매달 해외로 나가는 나는 이런 질문을 자주 받는다.

"해외면, 놀러 가는 건가요? 아니면 일이에요?"

나에게 해외에 가는 것은 노는 것도 일도 아니다. 그래서 언젠가부터 이렇게 대답하기로 했다.

"어느 쪽도 아니에요. 라이프 스타일이에요."

오감 이상의 무언가

오늘날 우리가 사는 세계는 오감을 통해 얻을 수 있는 정보를 중심으로 설계되어 있다.

특히 많은 사람이 사는 도시 지역은 '시각'을 중심으로 설계되어 있다. 우리가 살아가는 데 있어서 빼놓을 수 없는 사람들과의 관계 역시 말을 중심으로 하여 시각, 청각, 촉각의 정보를 활용해서 이루어진다. 폭력, 질병, 재해로 인해 목숨을 잃을 리스크가 극적으로 줄어든 근대에, 그것도 일본이라는 혜택받은 환경에서 생활한다고 하면 오감에 의한 정보에 의지하는 것만으로도 생명 활동을 유지하는 데 어떤 문제도 일어나지 않을 것이다.

하지만 고대의 인류는 오감에 의한 정보만으로는 살아남기 힘들지 않았을까 하는 것이 내 관점이다. 인간에게는 본래 오감 이상의 무언가가 갖춰져 있었는데, 진화의 과정에서 몇몇 능력이 필요 없어지면서 퇴화하게 되었고, 지금에 이르러서는 알아차릴 수조차 없게 된 무언가가 있지 않을까 하는 생각이다.

그 능력이란 무엇일까. 그것은 이해하기는커녕 상상하기조차 힘들다. 존재하지 않는 것을 상상하기란 일반적으로는 불가능하기 때문이다.

미신이나 오컬트 같은 이야기로 들릴지 모르지만, 적어도 나는 오감 이상의 무언가가 있을지도 모른다고 생각한다. 그중 하나가 '파동'의 송수신 기능이다.

파동

이쯤에서 '기이한 이야기가 시작되었다'라고 생각하는 사람은 살짝 책을 덮어도 상관없다. 적어도 8년 전의 나였다면 바로 흥미를 잃었을 것이다. 하지만 많은 사람을 만나면서 '성공'한 사람 대부분이 '파동'의 존재를 명확하게 믿고 있고 심지어 구체적으로 활용하고 있다는 사실을 알게 되었다.

바꿔 말하면, 오감의 정보를 넘어서는 오감 이외의 어떤 능력을 구사해서 살아가고 있다는 말이다. 나는 에너지의 정체 중 하나가 이 파동이 아닐까 하는 느낌이 들었다. 그리고 어떻게 하면 그 파동을 일단 '받아들이는 것'이 가능할까. 또 스스로 이 파동을 일으키게 될 수 있을까. 이 부분에 흥미를 갖게 되었다.

인간은 숲속에 들어가면 자연적으로 뇌 속 알파파가 증가한다고 한다. 숲속에 들어갔을 때 '기분 좋다'라고 느끼는 것도 이 때문이다.

　이 현상이 일어나는 이유는 숲속에 넘쳐나는 무수한 '음'을 듣기 때문이다. 인간의 귀로 들을 수 있는 음은 저음은 20Hz부터, 고음은 2만Hz까지라고 하는데, 이를 가청음역대라 부른다.

　이 범위의 위, 아래는 초가청음역대라 불리는데, 고음은 초음파, 저음은 초저주파음이라고 한다. 이 음들은 인간의 귀에는 들리지 않지만, 들리지 않는 것일 뿐 음으로서는 분명히 흐르고 있다. 인간은 이 음을 들을 수는 없지만 느낄 수는 있다.

　그것을 느끼는 것은 피부다. 표피를 구성하는 '각질형성세포keratinocyte'는 그 자체로 오감뿐 아니라 기압이나 전기를 느낄 수 있다는 사실이 실험에 통해 밝혀졌다. 숲속에 있는 새나 곤충이 내는 소리, 날갯짓 소리 등은 인간의 귀에 전달되는 소리도 있지만 전달되지 않는 소리도 풍부하게 포함되어 있다. 이 음들 역시 인간이 피부를 통해 받아들이고 있는데, 그때 뇌 심부가 활성화한다. 숲에 들어가면 기분이 좋다는 느끼는 이유 중 하나다. (물론 이유가 그것만 있는 건 아니다.)

　인터넷상에서 전달되는 음악은 이 초가청음역대의 음이 잘려져 있고, 게다가 헤드폰으로 듣는 경우라면 피부로 소리를 흡수하기를 기대하기도 어렵다. 음원이 아니라 실제로 연주하는 음, 라이브나 콘서트에서 듣는 음악이 평소 듣는 음악보다도 몇 배나 감동을 주는 이유는 피부에서 음을 흡수한다는 점도 크게 작용한다.

이는 음악뿐만이 아니다. 스포츠 역시 영상으로 보는 것과 실제로 현장에서 관전하는 것에는 큰 차이가 있다. 선수들이 내는 생생한 소리, 다양한 충격음, 에너지와 그에 호응하는 관중의 목소리나 흥분 모두가 진동, 파동이 되어 그곳에 넘쳐흐른다. 이 모든 것을 현장에서 피부로 흡수할 수 있다. 텔레비전 스피커에서 흘러나오는 소리가 아닌, 현장의 모든 소리를 귀와 피부로 받아들였을 때 전혀 새로운 '감각'으로 그것을 인지할 수 있게 된다.

콘서트나 스포츠 같은 큰 이벤트가 아니라 일대일로 사람과 마주할 때 역시 이 '음'을 명확히 느낄 수 있다. '파동'에 대해 말하는 많은 사람들은 이 '초가청음역대'를 받아들이는 수용체가 열려 있다.

그리고 '운'이 좋은 사람, '우연히' 잘되는 사람의 대다수는 이 수용체가 민감한 경우가 많다. 그것은 운이나 우연의 작용이 아니라, 미세한 진동과 파동을 감지해서 그 정보를 자기도 모르는 사이에 처리하고, 그것을 바탕으로 행동에 옮기게 한다. 결과적으로 운 좋게, 우연히 어떤 일이 일어나고 행운을 끌어당긴다. 운이나 우연은 없다. 모든 것은 자신이 오감, 그리고 오감 이상의 무언가로 세계에서 일어나는 사실과 현상을 감지하고 행동으로 옮긴 결과다. 인간이 후천적으로 만들어 낸 '사고'에 의해 일어나는 행동이 아니라, 이미 선천적으로 가지고 있던 어떤 능력이 자연스럽게 발현되어, 거기에서 만들어 낸 목적이나 계산이 없는 행동에 의해 이루어지는 것이다.

센서를 열기 위해서는

　오감 이상의 세계가 있다고 치고, 그중 하나가 피부를 통한 음의 흡수라고 하자.

　음뿐만 아니라 앞서 이야기했듯이 피부에는 오감을 느끼는 기능이 있다. 즉 피부는 피부만으로 색을 식별하고, 냄새를 느끼고, 맛도 구분할 수 있다는 말이다. 그리고 기압이나 전기 같은 정보에 더해 진동, 파동, 결국은 에너지까지도 감지할 수 있다고 한다면, 그 기능을 되찾기 위해서는 어떻게 하면 좋을까.

　힘을 들일 필요는 없다. 원래 자신 안에 있는 것이다. 그저 알아차리기만 하면 된다. 이미 기능은 갖춰져 있고, 지금 이 순간에도 무의식적으로 자신 안에서 끊임없이 가동되고 있다.

　단, 사고가 과다해지면 그 기능으로 받아들이는 정보가 차단된다. 더 알기 쉬운, 오감으로 받아들일 수 있는 정보나 사고가 만들어 낸 세계를 믿어 버리게 되고 그쪽이 우선시된다. 피부로 받아들이는 진실은 알아차리지도 못한다.

사고나 감정이 최대한 오프에 가까워졌을 때 직감이 발휘되기 쉬운 이유는, 애초에 피부로 받아들인 정보에 대한 수용체가 열리고 그곳에서 얻은 정보에 자신의 무의식이 반응하기 때문이다.

이 상태에 가까워지기 위해서는 목적을 갖지 않는, '사고'가 없는 시간을 스스로 주어야 한다. 이를 통해 자신을 채우고 본래 갖춰져 있던 기능을 부활시킨다. 그리고 간과해서는 안 되는 사실이 있다.

'사고'가 없는 시간을 자신에게 주려고 해도 '미완료'는 그것을 무의식적으로 저지한다. '그래도……'라는 말과 함께 강렬하게 끌어당기는 힘에 의해 원래의 자신으로 돌아가 버린다. 좋은 부분만 받아들여야지, 할 수 있는 것부터 해 봐야지 하는 자신의 판단 때문에 결국은 아무것도 바뀌지 않은 채 그대로 머물고 만다. 조건이나 상황에 영향을 받아 자신의 존재 방식은 늘 불안정하다.

이렇게 해서는 절대로 스스로를 중립 상태에 두고 직감을 가동시키기는 힘들다.

내려놓아야 한다.

조금 용기가 필요하지만, 지금까지 함께해 온 나 자신에게 이별을 고하자.

그리고 환상을 버리고, 항복하자.

완전하게 항복하고 '나'라는 존재마저 손에서 놓았을 때, 자신이 생각하는 것, 상상하는 것 이상의 '그 무엇도 아닌 무언가'를 받아 들이게 된다.

Insight!

♣ 사람은 어떠한 존재가 되기 위해 태어난 것이 아니다.

♣ 자신에게 결핍이 있으면 다른 사람에게 공헌할 수 없다.

♣ 자신을 채우는 것을 최우선으로 한다.

♣ 자신을 채우면 결과적으로 누군가에게 공헌할 수 있다.

♣ 상대방에게 기대하지 않는다, 기대하게 하지도 않는다.

♣ 당신의 사고도 감정도 당신의 것이 아니다.

♣ 행동하는 데는 의도도, 이유도 필요 없다.

♣ 오감 이상의 것을 받아들이려면 목적도 사고도 없는 시간을 보내라.

호기심을 되찾는다

ㅣ

On ne voit bien qu'avec le cœur. L'essentiel est invisible pour les yeux.
모든 것은 마음으로 보지 않으면 잘 보이지 않는다. 가장 중요한 것은
눈에 보이지 않는다.

　　　　　　　　　　　　　　－『어린왕자』 생텍쥐페리(Saint Exupery)

　격동의 시대.

　나는 1988년, 버블 절정기의 일본에서 태어났다. 그 후 버블은 붕괴했고, 철이 들었을 무렵에는 '불경기'의 세계에 산다는 것에 대해 어떤 의문도 가지지 않았으며, '격동의 시대'를 사는 것 역시 당연하다시피 받아들여 왔다.

　시대의 흐름은 날이 갈수록 빨라졌고, 흐름을 따라가지 못하는 것은 사회로부터의 이탈을 의미한다고 무의식적으로 의식하며 살아왔다. 이 격동을 극복하지 않으면 안 된다. 세상에 태어난 이상 사회의 요구에 부응하지 않으면 안 된다. 되돌아보면 끊임없이 그런 압박을 받아 왔다고 생각한다.

　'격동'이라고 불리는 시대. 정말 우리가 사는 시대는 격동일까?

1853년, 미국의 페리Perry 제독이 우라가   에 입항하고 14년 후
인 1867년에 대정봉환(1867년 11월, 에도막부가 정권을 메이지 천황에게
반환한 일-옮긴이)이 일어나 '에도'는 '도쿄'가 되었다. 무신전쟁(왕정
복고로 수립된 메이지 정부와 옛 막부 세력이 벌인 내전-옮긴이)이 발발한
1868년에서 18년이 지난 후, 야마노테선 개통과 함께 신주쿠역이
문을 열었고 근대국가로의 박차가 가해졌다. 1933년에는 신주쿠 이
세탄 백화점 본점이 개업했고, 1941년 태평양전쟁이 시작되어 1945
년 종전했다. 1953년 텔레비전 방송이 시작되었고, 1958년 도쿄 타
워가 완성되었으며, 1964년에는 도카이도 신칸센이 개통했다. 이어
서 1968년 도메이고속도로가 열렸고, 1978년 나리타공항이 개항했
으며, 1983년에는 도쿄 디즈니랜드 오픈, 그리고 같은 해 패미컴(닌
텐도에서 발매한 세계 최초의 가정용 게임기-옮긴이)이 발매되었다. 1985
년에 무게 3킬로그램의 숄더폰(NTT에서 발매한 어깨걸이식 이동전화-
옮긴이)이 개발되었고, 6년 후인 1991년에는 도코모에서 230그램의
휴대전화 MOVA가 발매되었다. 1999년 휴대전화에서 인터넷 접속
을 할 수 있는 서비스가 시작되었고, 그로부터 8년 후 iPhone이 발
매되었다.

하고 싶은 말은, 어떤 시대가 되었든 시대의 흐름은 빠르다는 말
이다. 격동의 시대는 지금에 와서 시작된 것이 아니다. 시대는 늘
격동적이다. 시대란 원래 변하는 법이다.

시대에 맞춰 변화하는 것은 무엇일까. 바로 '상식'이다. 시대가 변화하면 과거의 상식은 통용되지 않게 된다. 그래서 과거의 상식을 완전히 덮고 새로운 상식으로 다시 칠한 사건이야말로 시대의 변환점이라 불리는지도 모른다. 그리고 끊임없이 변화하는 상식에 맞추지 못하는 자는 시대에 뒤처져 그 자리에 남겨지게 되는 구조다.

상식이란 무엇인가. 그것은 사람이 무리 지어 살면서 서로 기분 좋게 생활하고, 타인에게 폐를 끼치지 않기 위해 만들어진, 보이지 않는 합의의 집합체다. 이 상식이란 바로 인간이 만들어 낸 것이지 자연에서 저절로 생겨난 것이 아니다. 이는 자연의 관점에서 보면 창작된 세계, 속된 말로 불순물이다. 그 불순물들 속에서 격동이라는 해석에 빠져 버리면 중요한 가치를 볼 수 없게 된다. 중요한 가치란 무엇인가. 계속해서 변화하는 상식, 변화하는 시대 안에서 그야말로 우리 인류의 생명 활동의 근원이 되고 앞으로 나아갈 용기와 힘을 계속 만들어 내는 에너지. 그것은 바로 호기심이다.

호기심. 그것은 득실, 선악 같은 사고에서 만들어지는 세계도 아니고, 좋고 싫다는 감정에서 생겨나는 세계도 아니다. 호기심은 만들어 낼 필요조차 없다. 그저 자신의 내면에서 이유 없이 솟아오르는 에너지다. 어떠한 인풋도 필요 없이 공짜로 흘러나오는, 하지만 원천에서 한번 흘러 내려가면 끝, 숨길 수 없는 에너지다. 이유도, 노력도, 투자도 필요치 않다. 무상으로 계속해서 샘솟는, 우리

인류에게 있어서 가장 귀중하고 위대하며 고갈될 일 없는 에너지다. 우리의 행동을 만들어 내는 '열기'는 호기심에서 공급된다. 열원은 이미 우리 안에 있다.

하지만 호기심은 있는 그대로 드러나기에 연약하다. 처음 발생한 열기는 최종적으로 원래의 에너지의 원형을 보존하지 못할 정도로 작아지고, 결국에는 상식의 범위 안에서 해결되도록 요구받는다. 인간의, 사회의, 상식의 동조 압력에 의해 소중하고 연약한 호기심은 맥없이 갈 곳을 잃어버려, 결국 호기심을 만들어 내는 일조차 그만두고, 어느샌가 호기심이 고갈된 듯한 착각에 빠진다. 호기심의 원천에는 덮개가 덮이고, 거기에 열원이 있었다는 사실조차 잊혀 간다.

그러나 인간이 호기심을 잃을 일은 없다. 고갈된 것이 아니다. 거기에 있다는 사실을 알아차리지 못한 것뿐이다. 자신의 호기심에 저항이 되는 것이 무엇인지, 원래의 에너지를 이 정도까지 작아지게 만든 것은 무엇인지 지금 한번 마주해 보길 바란다. 그리고 본래 가지고 있던 순수하고 귀한, 그리고 연약한 호기심을 되찾기 바란다.

호기심은 당신의 열원이다. 아무리 아름다운 말로 표현하려고 해도, 어떤 뛰어난 전략이 있다고 해도, 근본이 되는 당신 자신이 열기를 지니고 있지 않으면 상대방의 열기를 끌어올리는 일은 불가능하다. 말이나 전략도 당신이 가진 열기를 상대방에게 전달하기 위한 수단일 뿐이다. 당신이 진정으로 열기를 지니고 있을 때 말이나 전략은 자연적으로 생성된다. 그뿐만이 아니다. 박력, 아우라, 파동과 같이 볼 수는 없지만 분명 느낄 수 있는 것들도 열기를 지니고 있어야만 만들어진다.

그것은 눈에 보이지 않는다. 하지만 우리는 이미 깨닫고 있다. 눈에 보이는 것만이 우리의 세계가 아니라는 사실을.

호기심을 되찾고 열기를 지닌다.
당신의 가능성은 당신 자신 안에 있다.
다만 알아차리기만 하면 된다. 되찾기만 하면 된다.

이 책이 당신의 열원을 발굴해서, 소중하고 값진 무한의 에너지가 솟아나는 계기를 만들어 준다면 충분히 역할을 다했다고 생각한다.

덧붙여, 이 책은 음성 미디어 〈VOOX〉에서 이야기한 것이 계기가 되어, 그 내용을 바탕으로 처음부터 다시 써서 완성했다. 이 기회를 주신 모든 분에게 감사를 전한다.

다카모리 유키

참고문헌

『버텨내는 용기(아들러의 내 인생 애프터서비스 심리학)』 기시미 이치로(저), 박
　　재현(역), 엑스오북스, 2015년

『행복우위 7가지의 법칙-일도 인생도 충실하게 하는 하버드식 최신성공이론幸福
　　優位７つの法則-仕事も人生も充実させるハーバード式最新成功理論』 션 에이커(저), 다
　　카하시 유키코(역), 도쿠마쇼텐, 2011년

『5초의 법칙-당신을 시작하게 만드는 빠른 결정의 힘』 멜 로빈스(저), 정미화
　　(역), 한빛비즈, 2017년

『실존주의란 무엇인가』 장 폴 사르트르(저), 이희영(역), 동서문화동판(동서문
　　화사), 2017년

『SELFISHセルフィッシュ』 토머스.J.레너드, 바이런 로슨(저) 하타 다쿠미(감수), 가
　　스노 모모요(역), 쇼덴샤, 2019년

『사피엔스』 유발 하라리(저), 조현욱(역), 이태수(감수), 김영사, 2023년

Thomas J. Leonard, The Portable Coach: 28 Sure Fire Strategies For Business
　　And Personal Success, Scribner, 1998

『피터 드러커 매니지먼트』, 피터 드러커(저), 남상진(역), 청림출판, 2007

『성공하는 사람들의 7가지 습관』, 스티븐 코비(저), 김경섭(역), 김영사, 1994년

『데일 카네기 인간관계론(무삭제 완역본)』, 데일 카네기(저), 임상훈(역), 현대지
　　성, 2019년

『어린왕자』, 앙투안 드 생텍쥐페리(저), 황현산(역), 열린책들, 2015년

성공을 위한 내려놓기

초판 1쇄 2024년 2월 15일

지은이 다카모리 유키
옮긴이 원선미
펴낸이 김채민

펴낸곳 힘찬북스
출판등록 제410-2017-000143호
주소 서울특별시 마포구 망원로 94, 301호
전화 02-2272-2554
팩스 02-2272-2555
이메일 hcbooks17@naver.com

ISBN 979-11-90227-33-9 03190

* 파본은 본사나 구입하신 서점에서 교환하여 드립니다.